Lotte Bormuth

Die Gitarre auf dem Wunschzettel

francke

Über die Autorin:
Lotte Bormuth ist eine der erfolgreichsten christlichen Autorinnen Deutschlands. In bald 100 Titeln hat sie mit Lebensbildern und eigenen Erlebnissen vielen Menschen Trost, Freude und Glaubensmut vermittelt. Sie hat fünf Kinder und 15 Enkel und lebt mit ihrem Mann in Marburg.

Bibliografische Information Der Deutschen Bibliothek
Die Deutsche Bibliothek verzeichnet diese Publikation in der Deutschen Nationalbibliografie;
detaillierte bibliografische Daten sind im Internet über http://dnb.ddb.de abrufbar.

ISBN 978-3-86827-408-0

35037 Marburg an der Lahn
Umschlagbilder: © dreamtime.com / Italianestro
© dreamtime.com / Sandra Cunningham
Umschlaggestaltung: Verlag der Francke-Buchhandlung GmbH / Christian Heinritz
Satz: Verlag der Francke-Buchhandlung GmbH
Druck und Bindung: CPI Moravia Books, Korneuburg

www.francke-buch.de

Inhaltsverzeichnis

Ein besonderer Anruf

Heute hat mich ein Telefongespräch besonders erfreut. Ich kenne Frau Schwan nicht, aber sie ist eine Anruferin, die ihre guten Vorsätze auch in die Tat umsetzt. Aus der Zeitung hatte sie von unserem Fest für Bedürftige erfahren. Für sie und ihren erwachsenen Sohn würde es dieses Jahr sehr schwer werden, Weihnachten zu feiern. Schon seit Längerem wusste sie, dass es ihrer Mutter nicht gut ging. Der Arzt hatte Hautkrebs bei ihr diagnostiziert. In den letzten drei Wochen hatte sich ihr Zustand dramatisch verschlimmert und sie musste in die Klinik eingeliefert werden. Nur 14 Tage dauerte ihr akuter Krankheitsverlauf, dann schloss sie für immer die Augen. Tag und Nacht hatte ihre Tochter an ihrem Bett gewacht und noch kurz vor ihrem Sterben das Vaterunser mit ihr gebetet.

Welch schweren Verlust hatte sie nun erlitten. Das Liebste war ihr genommen. Wie hätte sie da ein Fest feiern sollen. Sonst war Mutter an Weihnachten immer mit einem großen Korb voller Geschenke angereist und eine frohe Feiertagsstimmung hatte die Familie vereint. Aber nun war alles so öd und leer in der Wohnung. Nein, dieses Jahr wollte Frau Schwan keinen Christbaum aufstellen. Ihrem Freddy ging es genauso. In aller Stille wollten sich die beiden an all die wunderbaren Erfahrungen vergangener Jahre mit Mutter und Oma erinnern und dann in die Mitternachtsmesse gehen. Geschenke sollte es in diesem Jahr nicht geben. Aber dann las Frau Schwan in der Lokalpresse von der Heiligabendfeier und wollte einen Beitrag zum Gelingen dieses Festes leisten. Aus Dankbarkeit für ihre liebe Mutter, die ihnen in den vergangenen Jahren so viel Gutes getan hatte, wollte sie sich für die Bedürftigen einsetzen. So rief sie mich an, weil ich dieses Fest verantwortete und meine Telefonnummer in der Presse bekannt gegeben worden war. Sie fragte, welche Art von Hilfe oder Gaben ich gebrauchen könnte.

Ich war zunächst überrascht, freute mich aber sehr über ihren Vorschlag. „Getränke könnten wir noch gut gebrauchen. Darüber würden wir uns freuen“, sagte ich ihr. So fuhr sie mit ihrem Renault bei uns vor und lud gleich mehrere Packen von Apfelsaft und Orangengetränk bei uns ab. „Diese Säfte bringe ich Ihnen im Gedenken an meine liebe Mutter. Sie hat uns viel Gutes getan. Ihnen wünsche ich mit all Ihren Gästen ein frohes Fest.“ Ich aber war dankbar für diese gute Tat.

Die Frau mit der Gitarre

Ich war im KreisJobCenter und musste dort eine Mietangelegenheit für einen älteren Herrn klären. Es folgte ein längeres Gespräch mit der Fallmanagerin, in dessen Verlauf sie Vertrauen zu mir fasste und mich ein wenig in ihren Aufgabenbereich blicken ließ. Dann fragte sie mich ganz unvermittelt: „Frau Bormuth, darf ich Sie mit meiner Sorge belasten? Ich brauchte dringend Ihre Hilfe. Ich betreue zur Zeit einen jungen Mann. Im Augenblick geht es ihm gar nicht gut. Mit schweren Depressionen wurde er in eine psychiatrische Klinik eingewiesen. Im Gespräch mit einem Psychologen riet ihm dieser, auf sein geliebtes Hobby zurückzugreifen. Wahrscheinlich könnte ihm die Liebe zur Musik helfen, seine Gemütslage etwas aufzurichten. Sie hatte ihm doch früher so viel Freude bereitet. Sebastian hatte ihm nämlich mitgeteilt, wie gerne er zum Spiel der Gitarre gesungen hätte. Da er aber in Geldnöten sei, hatte er sein teures Instrument an einen Freund verkauft, um seinen Mietrückstand bezahlen zu können. Er war nämlich arbeitslos geworden, weil seine Firma Insolvenz anmelden musste. Es war wohl auch der Verlust des Arbeitsplatzes, der ihm nervlich so zugesetzt hatte, dass er schon mit dem Gedanken gespielt hatte, aus dem Leben zu scheiden. Aber nun ging es ihm wieder besser, Pfleger und Ärzte waren sehr nett zu ihm, und er würde gerne dem Rat des Arztes folgen, wieder in die Saiten zu greifen. Doch mit dem wenigen Geld, das ihm zustand, konnte er sich unmöglich eine Gitarre kaufen. Darüber war er sehr traurig. So wurde ihm vom Klinikpersonal vorgeschlagen, er möge doch beim KreisJobCenter einen Antrag stellen und Geld für den Kauf einer Gitarre erbitten."

Leider konnte ihm die Fallmanagerin diese Bitte nicht erfüllen. Auch auf dem Sozialamt seien derlei Ausgaben schon länger eingefroren worden. So wüsste sie nicht, wie sie Sebastian helfen könnte. Ich kam ihr nun gerade recht. Im Gespräch mit mir habe sie festgestellt, dass ich hilfsbereit sei und auch Obdachlose in unserem Haus aufnähme. Ohne Wenn und Aber fragte sie mich: „Frau Bormuth, könnten Sie Basti, wie er von seinen Freunden genannt wurde, eine Gitarre besorgen?“

Eine Zusage konnte ich der Dame vom Amt nicht geben, aber ich versprach ihr, mich darum zu bemühen. Schon auf dem Nachhauseweg wusste ich, wie ich dieses Problem angehen würde. Oft schon hatte ich Gott davon erzählt, wenn ich vor Aufgaben stand, die für mich allein zu schwer waren. Bis heute hat er mich noch nie im Stich gelassen.

Also begann ich für eine Gitarre zu beten, denn mein Vater im Himmel findet immer einen Weg. Danach griff ich zum Hörer und rief Freunde und Verwandte an, von denen ich annahm, dass sie zu Hause eine Gitarre hatten, die sie nicht mehr brauchten. Für fremde Menschen bettele ich gern. Mir wurde in ähnlichen Situationen schon oft geholfen. Sei es, dass ich für einen Bruder der Landstraße ein gebrauchtes Bett oder einen Mantel brauchte. Doch eine Gitarre war nirgends aufzutreiben.

Da kam mir ganz plötzlich Schwester Gertrud in den Sinn. Sie hatte mir im vergangenen Jahr Strümpfe und Mützen für ausländische Kinder gestrickt. So rief ich sie vier

Wochen vor Weihnachten an und brachte ihr mein Anliegen vor. Prompt antwortete sie: „Eine Gitarre habe ich leider nicht, aber in meiner Schublade liegt eine fast neue Flöte. Ich brauche sie nicht mehr und lasse sie Ihnen zukommen.“ Schon einen Tag danach erreichte mich dieses wertvolle Geschenk. Sogar ein Notenbuch und eine Spruchkarte lagen dabei. Auf ihr las ich: „Es wird nicht dunkel bleiben über denen, die in Angst sind.“ Schnell brachte ich sie zum KreisJobCenter.

Einige Tage später teilte mir die Fallmanagerin in einem Telefonat mit, wie sehr sich Sebastian über die Flöte gefreut habe. Sogar sein behandelnder Arzt habe gemerkt, wie seine Augen leuchteten, als er ihm auf der Flöte etwas vorspielte. Aber noch war ja mein eigentliches Problem nicht gelöst.

Ich weiß nicht mehr, wie viele Menschen ich anrief. Und wieder war es Schwester Gertrud, die mir zwei Wochen später die freudige Nachricht mitteilte: „Ich habe in unserem Schwesternkreis von Ihrem Wunsch erzählt und darf Ihnen mitteilen, dass ich eine fast noch neuwertige Gitarre ausfindig gemacht habe." Wer das Instrument für Sebastian geopfert hatte, das blieb ihr Geheimnis.

In ein Neues Testament schrieb ich für meinen Freund Sebastian folgende Widmung: „Weil du in Gottes Augen so wertvoll geachtet bist, sollst du auch wunderbar sein, denn er hat dich lieb. Darum fürchte dich nicht!" Der Gedanke an Sebastian machte mich froh, und in meinem Nachtgebet nannte ich seinen Namen vor Gott. Er soll ahnen, wie groß unser Herr ist.

Als ich am nächsten Tag mit dem Musikinstrument in der Hand im KreisJobCenter erschien und nach meiner Fallmanagerin fragte, schaute mich der Angestellte an der Rezeption mit einem freundlichen Lächeln an und begrüßte mich herzlich: „Ach, jetzt kommt gerade noch vor Weihnachten die Frau mit der Gitarre. Da wird sich Sebastian aber freuen!" Im Amt hatte es sich inzwischen herumgesprochen, dass ich gern auf Hilferufe eingehe. Ich hoffe nur, dass Gott auch in Zukunft sehr gnädig zu mir ist und mir Bitten erfüllt, die mich erreichen.

Spannende Erwartungen

Kennen Sie das auch, dass Sie auf einen Anruf warten, der Sie aber nicht erreicht? So ist es mir kurz vor Weihnachten ergangen. Das Telefon klingelte zwar unaufhörlich vom Morgen bis zum späten Abend, aber die eigentliche Nachricht war noch nicht an mein Ohr gedrungen. Schon Ende November hatte ich eine Firma angeschrieben, die Kekse und verschiedene Schokoladenartikel herstellt, und angefragt, ob sie mir Süßigkeiten und Gebäck für unsere Heiligabendfeier spenden könnten. Von Bekannten hatte ich gehört, dass diese Fabrik sehr großzügig sei und für soziale Zwecke gerne ihre herrlichen Waren kostenlos abgäbe. Nun wartete ich gespannt, ob auch ich mit Gaben bedacht würde. Ständig schaute ich aus dem Fenster, ob denn der Postbote nicht bald käme, und bei jedem Anruf hoffte ich, diese Firma würde sich melden. Es ist nämlich gar nicht so leicht, für gut 160 Menschen mit nur wenigen finanziellen Mitteln ein Fest auszurichten. Aber mein Warten blieb ergebnislos.

Gewiss, ich erhielt so manchen Anruf, aber auf den, den ich eigentlich erwartete, hoffte ich vergeblich. Manche Telefonate waren recht sonderbar. So rief mich Ronny traurig an:

„Frau Bormuth, mein Dackel Felix ist gestorben. Vor drei Jahren wurde er mir von einer alten Dame anvertraut. Sogar das Geld für das Hundefutter hatte sie gleich mitgeliefert. Aber nun ist mein Hündchen tot. Ich habe ihn sehr geliebt. Nun habe ich eine Bitte an Sie. Dürfte ich meinen Liebling in Ihrem Garten unter dem Kirschbaum begraben? Ich brauche einen Ort, an dem ich meinen treuen Begleiter beweinen kann. Das Tier hat mir so viel bedeutet. Wenn er mich mit seinen großen Augen anschaute, wusste ich, dass er mir vertraute und mich liebte. Würden Sie mir dies erlauben?"

„Ja gewiss", antwortete ich ihm. „Unter unserem Obstbaum liegen schon ein Meerschweinchen und das Häschen von unserem Sohn begraben." Er bedankte sich herzlich dafür und legte den Hörer wieder auf.

Kurz darauf klingelte der Apparat wieder. Ein Untermieter beschwerte sich: „Frau Bormuth, in unserem Bad ist die Toilette verstopft. Kann Ihr Mann den Schaden reparieren?“ Auch das bejahte ich.

Zwanzig Minuten später kam der nächste Anruf. Vielleicht war es die positive Nachricht von der Keksfabrik. Doch diesmal bat mich eine Dame aus dem Nachbarort, ich möchte ihr doch den Badeanzug aufheben, den sie in der gelben Tasche bei uns vergessen hatte. Dann meldete sich unser Enkel, ob der Opa ihn am Abend zum Fußballtraining fahren könnte. Insgesamt nahm ich 15 Telefonate entgegen, aber von der Schokoladenfirma meldete sich niemand. Bis Weihnachten waren es nur noch elf Tage. Meine Hoffnung, mit Süßigkeiten bedacht zu werden, schwand dahin. Mit jedem neuen Klingeln wurde ich nervöser.

Schließlich gab ich meinem Herzen einen kräftigen Ruck und griff selbst zum Hörer. Dreimal musste ich eine Nummer wählen, bis ich an der richtigen Stelle dieses großen Werkes angekommen war. Ich war erschrocken, dass sich beim dritten Anlauf der oberste Chef meldete. Wer Tausende von Mitarbeitern zu betreuen hat, wird kaum einer solchen Bitte, wie ich sie vorbrachte, sein Ohr schenken. Sicher fühlte er sich sogar belästigt. Etwas zögerlich und stockend brachte ich mein Anliegen vor und war überrascht, dass sich der Firmenchef so viel Zeit für mich nahm. Geduldig hörte er meine Bitte an und wimmelte mich nicht einfach ab. Ich erklärte ihm, dass wir für Flüchtlinge, Asylanten, Bedürftige und Einsame eine Heiligabendfeier veranstalteten und dieses Fest mit Spenden finanzierten. Es würde ein köstliches Abendessen geben und gegen Ende böten wir noch alkoholfreien Punsch und Gebäck an. „Frau Bormuth, ich freue mich über Ihren Einsatz in Marburg, den Sie verantworten; denn in unserer Gesellschaft ist das Klima rauer geworden, und es gibt viele Menschen, die noch nicht einmal wissen, warum wir Weihnachten feiern. Kommen Sie morgen vorbei. Ich werde für Sie ein großes Paket richten lassen."

Als ich mich bei diesem Herrn bedanken wollte, unterbrach er mich: „Ich muss Ihnen meinen Dank abstatten, Sie opfern Ihre Zeit, um in Ihrer Gemeinde eine solch schöne Feier zu veranstalten. Ich wünsche Ihnen ein gutes Gelingen und ein fröhliches Beisammensein."

Jetzt war ich der glücklichste Mensch der

Welt und sehr erleichtert. Wie sehr hatte ich in diesen vergangenen Tagen zu Gott gebetet, er möge mich doch nicht im Stich lassen. Wunderbar erhörte mich mein Herr. Beten ist doch nicht vergeblich. Ein Ausspruch kommt mir dabei in den Sinn:

„Du darfst Gott erzählen, wie groß deine Anliegen sind. Aber dann musst du auch deine Probleme anderen kundtun und sagen, wie groß und wunderbar Gott ist." Menschen sollen erfahren, dass bei Gott kein Ding unmöglich ist.

Eine kurze Weihnachtsandacht

Maria wurde von Gott dazu erwählt, Mutter des Christuskindes zu werden. War sie eine besondere Frau? Verfügte sie über herausragende Fähigkeiten, um den kleinen Jesus zur Welt zu bringen? Die Bedingungen für diese Geburt waren denkbar schlecht. Mit Joseph war sie verlobt. Zimmermann war er von Beruf. Sicher wollte sie ihrem Mann eine tüchtige Hausfrau und für ihre Kinder eine liebevolle Mutter werden. Ob ihr wohl ein großer Kindersegen anvertraut würde, der dann später im väterlichen Betrieb Hand anlegen könnte? So wird sie sich viele Ziele für ihr Leben gesteckt haben. Aber nie und nimmer hätte sie daran gedacht, dass sie einmal den weiten Weg bis nach Bethlehem auf sich nehmen müsste, dazu hochschwanger und auf einem Esel reitend. Es war ja ihr erstes Kind, dem sie mit großen Erwartungen entgegensah.

Als ich unserem ersten Baby, Anne Ruth,

das Leben schenkte, war ich die glücklichste Mutter der Welt und wurde mit herrlichen Geschenken überhäuft. Mützchen, Jäckchen, Strampler und Schlafanzüge lagen wohl geordnet im Schrank. Auch mit guten und hilfreichen Ratschlägen wurde ich bedacht. Im Wohnzimmer stand die Wiege, mit einem himmelblauen Umhang geschmückt. Meine Schwiegermutter hatte mir geholfen, dieses erste Bettchen wunderschön herzurichten.

Ganz anders erging es Maria. Alle eigenen Wünsche und Erwartungen, die sie für ihre Familie gehegt hatte, musste sie über Bord werfen; denn sie hatte hohen Besuch vom Engel Gabriel erhalten. Ausgerechnet zu ihr nach Nazareth war er gekommen und hatte gesagt: „Sei gegrüßt, du Begnadete! Der Herr ist mit dir." Über diese plötzliche Begegnung mit einem Boten Gottes war Maria erschrocken und fragte sich zu Recht: „Was soll dieser außergewöhnliche und überraschende Gruß bedeuten?" Und dann fuhr der Engel fort: „Fürchte dich nicht, Maria! Du hast Gnade bei Gott gefunden. Schwanger wirst du werden und einen Sohn gebären. Jesus soll er heißen, und er wird Sohn des Höchsten genannt werden. Sein Reich wird kein Ende haben. Der Heilige Geist wird dich beschatten, und das heilige Kind, das du zur Welt bringen wirst, wird Gottes Sohn genannt werden."

Maria war fassungslos über diese hohe Berufung, fügte sich aber dem Willen Gottes und sagte nur: „Siehe, ich bin des Herrn Magd, mir geschehe, wie du gesagt hast." Und dann verließ sie der Engel wieder.

Sicher waren Marias eigene Wünsche und Ziele nicht falsch gewesen, aber Gott hatte eben andere Pläne für sie im Sinn. Jesus, dem Heiland und Retter der Welt, sollte sie das Leben schenken. Aber die ersten Gratulanten, die sie zu dieser Geburt hätten beglückwünschen sollen, waren nicht ihre Eltern, Angehörige und Freunde, sie war ja mit Joseph in der Fremde unterwegs, sondern Hirten, die auf Bethlehems Fluren die Schafe hüteten, raue Gesellen, die zum armseligen Bild der Geburt in einem Stall bei Ochs und Esel noch mehr beitrugen. Das heilige Kind, in Windeln gewickelt, lag in einer dürftigen Futterkrippe. Aber waren die Hirten nicht die besten Hüter für das göttliche Kind? Sie waren es doch gewohnt, Tag und Nacht für ihre Schafe zu sorgen und sie in Gefahren vor wilden Tieren zu schützen. Das hatten sie von ihrer Jugend an gelernt, Angreifer abzuwehren und ihre Herden aus ihren Fängen zu retten.

Mitten in der Nacht waren sie plötzlich von einem klaren, gleißenden Licht umstrahlt worden. Wieder war es ein Engel, der die erschrockenen Männer ansprach: „Fürchtet euch nicht! Siehe, ich verkündige euch große Freude, die allem Volk widerfahren wird; denn euch ist heute der Heiland geboren, welcher ist Christus, der Herr. Und das habt zum Zeichen: Ihr werdet finden das Kind in Windeln gewickelt und in einer Krippe liegen."

Nun gab es bei den Hirten kein Halten mehr. Sie überließen die Schafe ihren treuen Hunden und rannten, so schnell sie ihre Füße tragen konnten, nach Bethlehem. Sie wollten mit eigenen Augen sehen, was der Engel ihnen kundgetan hatte. Und dann fanden sie das Kind im Stall in einer Krippe auf Heu und Stroh liegen. Neben ihm saßen Maria und Joseph. Die Hirten gingen vor diesem göttlichen Kind auf die Knie und beteten es an. Sie waren die Ersten, denen das herrliche Geheimnis des Christuskindes offenbart wurde, und eine nie zuvor gekannte Freude ergriff ihre Herzen. Sie stimmten in das Lob Gottes mit ein und sangen: „Uns ist heute der Heiland geboren!“

Ein Anruf aus dem Elsaß

Heute erreichte mich ein ermutigender Anruf aus dem Elsaß. Vor etwa 20 Jahren waren mein Mann und ich in eine christliche Gemeinde dorthin eingeladen worden und sollten Ehevorträge halten. Einquartiert waren wir in einem wunderschönen neu erbauten Haus und wurden von den Besitzern herzlich empfangen. Der Herr des Hauses war Ingenieur, und in seiner Wohnung gab es viele elektrische Spitzfindigkeiten. Daran konnte ich mich noch gut erinnern. Vor allen Dingen waren Türen und Fenster gegen Einbruch sicher geschützt. So verbrachten wir dort in Steinseltz erlebnisreiche Tage in der Gemeinschaft mit Christen.

Heute nun rief mich unsere damalige Gastgeberin an: „Frau Bormuth, ich habe mir damals sehr viele Bücher von Ihnen gekauft und sie auch gern gelesen. Dann entdeckte ich später in einem Katalog Neues aus Ihrer Feder und griff gleich zu. Ihre Art zu schreiben ist einprägsam, lebensnah und hat mir in Bezug auf die Erziehung meiner Kinder manch guten Rat vermittelt. Ich habe viel von Ihnen lernen können. So bin ich zu einer Ihrer treuesten Leserinnen geworden. In diesem Jahr fuhren wir in der Adventszeit nach Karlsruhe. Dort hatte mein Mann eine Werkstatt entdeckt, die kunstvolle Weihnachtskrippen herstellt. Wir hatten eine bestimmte Vorstellung, wie sie aussehen sollte, und wünschten uns vor allem eine Figur, die das Jesuskind in ihren Armen hält. Leider war solch eine Krippe nicht vorhanden. Aber die Verkäuferin machte uns Mut, die gewünschte Skulptur von ihrem Meister anfertigen zu lassen. Allerdings brauchte er mindestens zwei Wochen dazu. Erst im Januar könnten wir unsere Bestellung abholen. Diese Dame im Laden war sehr kundenfreundlich und entgegenkommend. Da inzwischen keine anderen Käufer das Geschäft betreten hatten, freute sie sich, mit uns ein Gespräch zu führen. Es war sehr persönlich, und sie nahm uns mitten hinein in ihre Lebensgeschichte. Ich war doch sehr bewegt, als sie mir vom schweren Leid in der Familie berichtete: ‚Unser Sohn war 20 Jahre alt und wurde vor einigen Jahren mitten auf offener Straße von einem Schläger niedergestochen.

Passanten eilten herbei und kümmerten sich um unseren Jungen, der vor allem schwere Kopfverletzungen erlitten hatte und aus vielen Wunden heftig blutete. Doch unserem Sohn war nicht mehr zu helfen. Im dreckigen Staub der Straße verstarb er, noch ehe der Notarzt und der Rettungswagen eingetroffen waren. Sein Mörder war auf und davon gerannt und im Menschengewühl der vorweihnachtlichen Einkäufer untergetaucht. Bis heute konnte er nicht ermittelt werden.'

Diese tragische Lebensgeschichte ging uns unter die Haut. Ich empfand tiefes Mitgefühl mit dieser Mutter. Nichts ist für Eltern notvoller, als ein Kind durch einen grausamen Mord zu verlieren. Sehr bekümmert fuhren wir am Abend wieder nach Hause zurück. Dann kam der 7. Januar, und wir waren gespannt, ob wir denn nun unsere Marienfigur abholen könnten. Da uns die Geschichte von dem schrecklichen Tod des jungen Mannes nicht mehr losließ, überlegte ich, wie ich der Mutter eine Freude machen könnte. Ich kaufte mir Ihr Buch mit dem Titel ‚Pralinen für die schönste Frau' und packte es in Geschenkpapier ein. Oben drauf legte ich Adventskarten mit verheißungsvollen Bibelsprüchen und brachte es der Mutter. Sie freute sich sehr über dieses Geschenk und sagte mir, wie gerne sie es lesen würde. Zwei Wochen später fuhr ich wieder nach Karlsruhe zum Einkaufen und ging auch in das Kunstgeschäft. Sofort sagte mir die Dame: ‚Wie schön, dass Sie noch einmal kommen. Ich will Ihnen sagen, wie gern ich dieses Buch gelesen habe. Ich konnte es nur schwer aus der Hand legen. Zweimal habe ich Seite um Seite aufmerksam in mich aufgenommen. Das passiert mir nur sehr selten, aber diese Lektüre hat mich fasziniert. Danke! Danke!'"

Natürlich hat mich der Anruf aus dem Elsaß sehr erfreut, denn es macht mir Mut, wenn ich leidtragende Menschen trösten kann. Meine frühere Gastgeberin bat mich sogleich, ihr noch weitere Bücher zu schicken, sobald sie erschienen seien.

Mit großer Freude werde ich dies tun, denn diese Dame aus Steinseltz kennt noch mehr Menschen, denen auch schweres Leid zugefügt wurde. Für mich war dieser Anruf sehr ermutigend und machte mich bereit, weiter zu schreiben.

Szenen einer heiligen Familie

Diesen Bericht hat meine Tochter Anne Ruth Meiß geschrieben, und mit ihrer Erlaubnis nehme ich ihn in mein Weihnachtsbuch auf.

Haben Sie sich schon einmal gefragt, warum Gott ausgerechnet Maria erwählte, um seinem Sohn eine Mutter zu sein? Was hat sie ausgezeichnet? Welche Fähigkeiten brachte sie mit, um Mutter für den Sohn Gottes zu sein?

Maria – eine Mutter unter schwierigen Bedingungen

Als sie das erste Mal in der Bibel erwähnt wird, ist sie mit Joseph verlobt. Welche Erwartungen hat sie wohl an das Leben eines Mannes gestellt, der Zimmermann war? Vielleicht, dass sie ihrem zukünftigen Mann eine gute Gattin sein wollte und dass ihr in der Ehe viele Kinder vergönnt sein möchten, die einmal im elterlichen Betrieb mit Hand anlegten. Aber bestimmt hatte sie niemals erwartet, hoch schwanger den weiten Weg nach Bethlehem auf sich nehmen zu müssen, um dort, weit weg von ihrer gewohnten Umgebung, ihr erstes Kind zur Welt zu bringen. Die Geburt des ersten Kindes ist in der Regel ein Ereignis, das von der gesamten Verwandtschaft mit großem Interesse verfolgt wird. Es hagelt Geschenke, Glückwünsche und jede Menge Ratschläge, was man als junge Mutter wann zu tun habe. Anders war es bei Maria. Sie muss ihre eigenen Erwartungen an die Zukunft über Bord werfen; denn sie bekommt Besuch vom Engel Gabriel. Dabei waren ihre Erwartungen und Wünsche nicht falsch. Aber Gott hatte für Maria andere Pläne. Sie soll seinen Sohn zur Welt bringen, das göttliche Kind. Und anstatt die Glückwünsche der Verwandtschaft entgegenzunehmen, sind die ersten Gratulanten bei der heiligen Familie raue Gesellen, Hirten, deren Tagewerk das Hüten von Schafen ist. Vielleicht erweckt das jämmerliche Bild der Armut mit dem Baby in der Futterkrippe die Beschützerinstinkte dieser

Hirten, denn darin haben sie im Laufe ihres Lebens viel Erfahrung gesammelt, nämlich für die Schwachen ihrer Herde einzutreten und sie vor Gefahren aus den Fängen der Angreifer zu retten. Ob ihnen bewusst ist, dass das scheinbar so hilflose, arme Kind, vor dem sie ehrfürchtig niederknien, einmal von sich sagen wird: „Ich bin der gute Hirte. Ich werde euch vor den Gefahren des Bösen bewahren"? Jedenfalls ist der Besuch der Hirten so eindrücklich, dass Maria alle ihre Worte in ihrem Herzen bewahrt und innerlich bewegt.

Joseph – ein verantwortungsvoller Vater

Auch Joseph wird sich den Beginn seiner Ehe mit Maria anders vorgestellt haben. Er sieht sich vor die Herausforderung gestellt, für ein Kind die Vaterrolle zu übernehmen, das als Retter der Welt geboren wird und das auch sein persönlicher Retter ist. Eine schwere Aufgabe für einen Zimmermann, der es von Berufs wegen gewohnt ist, planvoll vorzugehen: Zuerst wird eine Skizze erstellt, dann wird sie mit dem Auftraggeber abgestimmt, Feinheiten werden verändert und schließlich das entsprechende Möbelstück oder der Bau gefertigt. Systematisches Vorgehen ist für einen Unternehmer lebensnotwendig. Aber für die Aufgabe, vor der er steht, existiert kein Plan, zumindest kein menschlicher, sondern nur ein Auftrag von höchster Stelle, überbracht von einem himmlischen Boten. Es ist Gottes Wille, dass der Zimmermann Joseph für das Kind Verantwortung übernimmt und ihm ein guter Vater ist. Und es soll nicht das letzte Mal sein, dass Joseph von einem himmlischen Boten im Schlaf mit einem ungewöhnlichen Auftrag konfrontiert wird. Gleich nach der Geburt wird die junge Familie ins Nachbarland geschickt, um das Leben des Kindes vor den Häschern des Herodes zu retten. Wieder sind dies Pläne, die er sich so nicht ausgedacht hat. Seine Überlegungen muss er über Bord werfen. Eine Umsiedlung ins Ausland auf unbestimmte Zeit, dazu noch mit einem Neugeborenen, war auch zu der damaligen Zeit kein Zuckerschlecken. Joseph musste sehen, wie die Familie über die Runden kam. Als die Gefahr gebannt ist, siedelt er mit Frau und Kind auf göttliches

Geheiß wieder zurück ins heilige Land nach Nazareth.

Jesus, der Sohn, der in kein Raster passt

Ebenso unplanmäßig verläuft für Maria und Joseph ein Ereignis, das für sie sicher der Höhepunkt im Jahr ist. Inzwischen ist Jesus zwölf Jahre alt, und die Familie besucht mit anderen Verwandten das Passahfest in Jerusalem. Auf dem Rückweg stellen die Eltern mit Erschrecken fest, dass sich ihr Sohn nicht mit den anderen Kindern auf dem Nachhauseweg befindet. Sie wissen nicht, wo sich der Junge aufhält. Als sie ihn nach drei Tagen langen Suchens wohlbehalten im Tempel finden, bemerken sie etwas Seltsames: Jesus scheint seine Eltern gar nicht vermisst zu haben, denn wie selbstverständlich bewegt er sich unter den damaligen Gelehrten im Tempel und diskutiert mit ihnen. Maria und Joseph handeln in bester Absicht, als sie ihren Sohn ermahnen, aber am Ende sind sie es, die ermahnt werden und denen der eigene Sohn Unwissenheit vorwirft. Dieses Kind, der Sohn Gottes, passt in kein Raster.

Es wird einmal die Stunde kommen, in der er den Tempel „reinigt", um ihn seinem wahren Zweck wieder zuzuführen. Aber dieser Zeitpunkt ist noch nicht gekommen, und so geht er gehorsam mit seinen Eltern zurück nach Nazareth. Und wieder bewegt Maria alles in ihrem Herzen. Jahre später, bei einem Hochzeitsfest, wird Jesus wieder davon sprechen, dass seine Stunde noch nicht gekommen ist. Maria mischt sich ein, als auf der Feier der Wein ausgeht. Weil sie um die Fähigkeiten ihres Sohnes weiß, präsentiert sie ihm diesen Engpass wie auf einem Silbertablett, handelt sich jedoch einen Rüffel ein, als Jesus sie schroff zurückweist und behauptet, seine Zeit sei noch nicht gekommen. Und dann kommt zum Erstaunen aller seine Stunde, und er sorgt mit der Verwandlung von Wasser in Wein, dass das Fest weitergehen kann.

Familie mit enormen Spannungen

Immer deutlicher kristallisiert sich im Leben von Jesus heraus, dass er eine Berufung und eine hohe Aufgabe hat, die ihn mit der eigenen Familie entzweit. Das wird erschreckend klar, als er in seinem Heimatort predigt und man ihm eine Abfuhr der ganz besonderen Art erteilt. Weil ihn alle nur als Sohn des Zimmermanns kennen, halten sie ihn für einen Hochstapler und wollen ihn den Berg hinunterstoßen. Auch seine eigenen Geschwister fällen ein vernichtendes Urteil über ihn. Jesus erlebt als erwachsener Mann die Ablehnung durch die eigene Familie. Den Jüngern erklärt er das Verhalten seiner Familie und seines Heimatortes mit dem Satz: „Ein Prophet gilt nichts im eigenen Land." Als seine Mutter und seine Brüder und Schwestern einmal ein Anliegen an ihn haben, aber nicht an ihn herankommen, weil er von einer großen Menschentraube umgeben ist, sagt er: „Meine Mutter und meine Brüder sind die, die meinen Willen tun." Damit will er seiner eigenen Familie nicht vor den Kopf stoßen, sondern alle Menschen bitten, zu seiner Familie zu gehören. Natürlich will er auch seine eigene Familie dazu einladen, seinen Willen zu tun, um sie auf diese Weise fürs Reich Gottes zu gewinnen. Aber zu diesem Zeitpunkt lassen sie sich noch nicht dazu bewegen, und es kommt zum Zerwürfnis mit den Geschwistern.

Seine Mutter ist bei seiner Kreuzigung zugegen. Was für ein Schmerz für eine Mutter! Auf sehr liebevolle Weise kümmert sich der sterbende Jesus als Erstgeborener darum, dass sie auch nach seinem Tod versorgt ist, indem er ihr Johannes zur Seite stellt. Von Verwerfungen innerhalb der Familie ist jetzt nichts mehr zu spüren. Und als von den ersten Christen in Jerusalem berichtet wird, die einmütig im Gebet beieinander sind, werden auch seine Mutter und seine Brüder genannt (Apostelgeschichte 1,14). Jetzt sind nicht nur die innerfamiliären Beziehungen wieder hergestellt, sondern seine Brüder und seine Mutter gehören sogar zu dem Kreis derer, die den Kern der neu entstandenen Gemeinde bilden und den Namen Jesus bekannt machen. Ein echtes Wunder für die Familie!

Heilige Familie – aus Gnade

Was lässt sich für uns heute aus diesen kurzen Begebenheiten aus dem familiären Umfeld von Jesus ableiten? Zunächst mussten

Maria und Joseph und auch deren Söhne lernen, ihre Erwartungen an das Leben über Bord zu werfen, auch ihre Erwartungen an Jesus. Er war so anders, als sie es sich erhofft hatten. Er benahm sich nicht so, wie man es von einem einfachen Zimmermann aus Nazareth erwartet hätte. Das lag daran, dass Jesus alles, was er tat, in einen größeren Zusammenhang des Wirkens Gottes stellte, was seine Familie zunächst nicht durchschaute. Nur einer hatte vom Anfang bis zum Ende seines Lebens das Heft in der Hand: sein himmlischer Vater.

Die Frage, warum sich Gott ausgerechnet dazu entschied, dass Jesus als Sohn von Maria auf die Welt kam, ist berechtigt. Was macht ihre Familie zur „heiligen Familie"? Dafür gibt es oberflächlich gesehen sicher mehrere Gründe. Sie und Joseph waren Menschen, die offen für Gottes Reden und Wirken waren, bereit, ihre Pläne durchkreuzen zu lassen. Maria war eine gute Zuhörerin, die den Problemen auf den Grund ging und sie in ihrem Herzen immer wieder bewegte. Sie zeichnete sich durch einen großen Glauben aus. Sie war belastbar und ist am Schmerz über den Tod ihres Sohnes nicht zerbrochen. Aber genau so viele Gründe sprechen auch gegen Maria. Sie hat sicher nicht alles richtig gemacht, und welche Schuld sie am vernichtenden Urteil ihrer Söhne über Jesus trifft, ist nicht auszumachen. Mit dem Satz „Ein Prophet gilt nichts im eigenen Land" meinte Jesus sicher auch die eigene Familie. Maria ist ihrem Sohn nicht immer gerecht geworden. Dafür, dass sich Gott trotzdem für Maria entschied, gibt es nur einen einzigen Grund. Und der ist unabhängig davon, wie gut oder schlecht sie ihre Aufgabe als Mutter bewältigt hat. Diesen Grund finden wir in der Bibel: Maria hatte Gnade vor Gott gefunden. Das war der einzige Grund, warum sie zur Mutter Jesu berufen wurde. Und diese Gnade steht bis heute über dem Leben eines jeden Menschen, der auf dem Weg mit Gott ist. Wir Menschen finden Gnade vor Gott. Es kommt auch in unseren Familien genau so wie in der „heiligen Familie" zu Zerwürfnissen, zu Anklagen und Vorwürfen, zu unvorhergesehenen Ereignissen, zu Schmerz und Kummer. Aber wir werden auch erleben, dass wir als von Gott Begnadigte wieder Schritte aufeinander zugehen können, damit am Ende die Versöhnung steht, die Versöhnung miteinander und mit dem himmlischen Vater. Möge es Gott schenken, dass wir mit unseren Familien wie Maria am Ende einmal zum innersten Kreis der Menschen gehören, die mit dazu beitragen, dass der Name Jesus in der Welt bekannt gemacht wird.

Wenn also Gott gerade Ihre Pläne durchkreuzt oder Ihnen Schweres zumutet oder Sie Ihre Kinder nicht verstehen und es Streit in Ihrer Familie gibt, dann kann es sein, dass er mit Ihnen und Ihrer Familie etwas Besonderes vorhat und Sie Gnade vor seinen Augen gefunden haben. Sagen Sie dann mit Maria: „Ich bin des Herrn Magd“ und lassen Sie sich überraschen.

Der Obdachlose aus dem Botanischen Garten

Kurz nach Weihnachten begann eine heftige Frostperiode. Nachts sank das Thermometer auf minus 10 Grad. Kalt war es draußen, und nur selten setzte ein Spaziergänger seinen Fuß vor die Tür. Ich übrigens auch nicht. Zum Lesen hatte ich mir den Sessel dicht vor den Kamin gerückt. Das Feuer prasselte im Ofen und es war mir eine Lust, die sprühenden Funken zu beobachten, wie sie im hellen Schein der Flammen durcheinanderwirbelten. Plötzlich klingelte es an unserer Haustür. Wer wagte es jetzt in dieser Eiseskälte so früh vor unsere Tür? Ich öffnete und bat den jungen Mann herein. „O, haben Sie es aber schön warm!“, rieb sich unser Besucher die Hände. „Mir ist zu Ohren gekommen, dass Sie Menschen in Ihr Haus aufnehmen, die kein Dach über dem Kopf haben. Ich brauche dringend eine Schlafgelegenheit, sonst muss ich noch bei diesen scheußlichen Minusgraden erfrieren.

Ich wäre in diesem Winter nicht der Erste, dem solch ein Missgeschick widerfährt."

„Wo verbringen Sie denn Ihre Nächte?", fragte ich behutsam.

„Na ja, auf einer Parkbank im Botanischen Garten oder in Schuppen oder Scheunen. Gestern fand ich beim Supermarkt ein Vordach, das die Verladerampe für die Lebensmittel schützt, wenn sie angeliefert werden. Vor dem Schnee war ich dadurch geschützt, aber es war schrecklich zugig. Der Wind fegte nur so um die Hausecken. Haben Sie vielleicht ein Zimmer für mich?"

Mit dieser Anfrage hatte ich heute morgen nicht gerechnet und ich schaute auch gar nicht hoffnungsvoll drein. „Aber bitte, setzen Sie sich erst einmal ans Feuer und wärmen Sie sich Ihre steif gefrorenen Glieder." Dabei zog ich einen Stuhl in die Nähe des Kamins. Natürlich wollte ich wissen, wer mein Überraschungsgast war. „Erlauben Sie mir bitte, dass ich Sie frage, warum Sie in diese notvolle Situation gekommen sind. Kommen Sie aus Marburg und haben Ihre Wohnung verloren?"

„Nein, das nicht, ich stamme aus Darmstadt und habe bisher auf Montage gearbeitet. Als ich am Wochenende früher als gedacht zum ersten Advent nach Hause kam – wir mussten wegen des Kälteeinbruchs unseren Bau aufgeben –, lag ein anderer in meinem Ehebett. Meine Frau hatte sich einen Liebhaber angelacht, aber das erfuhr ich erst jetzt. Es kam zu einem heftigen Streit zwischen uns, und in der Küche flogen die Teller an die Wand. Unsere Kinder verkrochen sich im Dachgeschoss. Ich habe mir viele Vorwürfe von Ingrid anhören müssen. Die meisten waren auch berechtigt. Aber hätte sie nicht einmal mit mir darüber reden können? Bin ich denn ein Monster? Die Auseinandersetzungen arteten dermaßen aus, dass mir nichts anderes übrig blieb, als meinen Rucksack zu packen und mich fortzustehlen. Meine Frau rief mir noch nach: ‚Bleib, wo der Pfeffer wächst, ich will dich hier nicht mehr sehen.'

Ich traute mich nicht, ihr entgegenzutreten und mich ihr zu widersetzen, denn neben ihr stand der ‚kräftige Bulle' von ungefähr zwei Metern Lebensgröße, mein Rivale. Durch dieses bitterböse Erleben war ich vor allem geschockt. Ich hatte auch keine Kraft mehr zu weiteren Auseinandersetzungen, fuhr zum Bahnhof und setzte mich in den Zug nach Marburg. Hier wohnt ein Arbeitskollege von mir, und nach einem Anruf erlaubte er mir, bei ihm Unterschlupf zu finden. So bin ich in Ihre Stadt verfrachtet worden. Dann sagte er noch: ‚Ein paar Tage kannst du hier bleiben, aber am 23. will uns meine Schwiegermutter besuchen. Dann passt das bei uns nicht mehr. Den Heiligabend kannst du in der Schwanallee 37 verbringen. Dort richtet die Kirche ein Fest für Einsame und Bedürftige aus. Außerdem gebe ich dir die Telefonnummer von einer Frau Bormuth, die sich schon oft um solche Obdachlosen gekümmert hat.'

Zu dieser Heiligabendfeier bin ich nicht gegangen. Wie hätte ich in meinem Elend noch an einem Fest teilnehmen können? Ich musste an meine Kinder denken, die nun bei Ingrid und ihrem Liebhaber Weihnachten feiern mussten. Ich aber, ihr Vater, hockte in der Fremde und war zu einem Obdachlosen geworden. Meinen Koffer konnte ich bei meinem Arbeitskollegen stehen lassen. Ich packte noch meinen Schlafsack in den Rucksack und schlich mich durch die verlassenen Straßen der Universitätsstadt. Immer hielt ich die Augen offen, ob ich einen günstigen Platz fand, wo ich meine müden Glieder ausstrecken könnte. Aber bei dieser sibirischen Kälte ist es schrecklich, im Freien zu übernachten. Deshalb klopfte ich an Ihre Tür. Bitte nehmen Sie mich auf und schicken Sie mich nicht wieder weg."

Ein Zimmer hätte ich dem jungen Vater nicht geben können. In unserem Haus war jede Bettstelle belegt. Ich schaute meinen Mann an, las in seinen Augen seine Zustimmung und führte Harry – so durfte ich ihn nennen – in mein Arbeitszimmer. „Hier auf der Liege können Sie schlafen. Ich räume meine Manuskripte und Bücher ins Wohnzimmer um."

Beglückt sagte unser Gast: „O, das ist aber sehr schön! Hier bleibe ich sofort. Darf ich heute Nacht schon bei Ihnen schlafen? Ich muss nur noch meinen Koffer holen."

Ich nickte und erklärte ihm: „Sie dürfen bleiben, bis Sie eine Wohnung gefunden haben."

Harry nahm meine beiden Hände und drückte sie fest. Fast taten mir die Finger weh. Dabei strahlte sein trauriges Gesicht auf. „Ich gehe jetzt und hole meine Sachen.

In zwei Stunden bin ich wieder bei Ihnen. So ein sonniges, schönes Zimmer! Ich freue mich schon auf heute Nacht.“ Dann geleitete ich ihn bis vors Haus.

Heute wurde für mich der Ausspruch Martin Luthers wahr: „Wer einen Menschen glücklich gemacht hat, der hat mehr als ein Königreich gewonnen.“ Ich bin also reich, sehr reich sogar, und plötzlich Besitzerin eines Königreiches geworden.

Dieser Gedanke bewegte mich in der Stille. Dann machte ich mich an die Arbeit, überzog für unseren Gast das Bett, legte ihm ein paar Handtücher auf das Kissen und räumte meine wichtigsten Bücher in einen Schrank im Wohnzimmer und meine Manuskripte auf das Sidebord. Küche und Bad würden wir uns teilen.

Nun bin ich gespannt, wie sich unser Miteinander gestalten wird. Aber ich hätte gar nicht anders handeln können, denn Harry hätte bei dieser strengen Kälte im Freien erfrieren können. So danke ich meinem Herrn Christus, dass wir ein eigenes Haus haben und ich diesem jungen Mann habe helfen können.

Schicksale, wie sie das Leben schreibt

Dies ist der Bericht von Frau Grell.

Mein Name ist Waltraud Grell. Das Licht der Welt erblickte ich 1921 in Züllichau an der Oder. Hier bewohnten meine Eltern ein wunderschönes Haus mit einem großen Garten, über den wir uns beim fröhlichen Spiel immer mächtig freuten. Aber manchmal waren wir auch verärgert, wenn Mutter uns befahl, die Beete und Wege vom Unkraut zu befreien.

Nun bin ich 91 Jahre alt geworden, und 91 Weihnachtsfeste waren mir schon beschert. Die ersten Feiern habe ich als Baby und Kleinkind erlebt und kann mich an sie nicht mehr erinnern, aber viele andere, frohe Ereignisse an Heiligabend sind mir im Gedächtnis geblieben. In unserer Familie galt Weihnachten als das höchste Fest. Das Haus wurde auf Hochglanz gebracht und Mutter backte Kuchen und mehrere Stollen. Wir

Kinder durften mithelfen. Eifrig waren wir bei der Sache, auch wenn mal eine Schüssel zu Bruch ging und das Eiweiß auf den Dielen eine glitschige Masse bildete. Dann zog Mutter uns manchmal am Ohr und mahnte uns: „Kinder, seid nicht so stürmisch bei der Sache! Passt auf, was ihr tut!“ Mein Vater holte selbst zusammen mit meinem ältesten Bruder eine Tanne aus dem Wald und stellte sie im Wohnzimmer auf. Meist hatte der Förster sie ihm geschenkt. Danach wurde die Tür zur guten Stube abgeschlossen und nur manchmal gelang uns ein kurzer Blick durch das Schlüsselloch. Einmal entdeckte ich dabei auf dem Gabentisch eine wunderschöne Puppe mit langen blonden Locken und Schlafaugen. Ich war davon total begeistert, durfte mir aber meine Freude nicht anmerken lassen.

Wenn dann der Heiligabend anbrach, es draußen dämmerte und wir im Ort in langen Scharen unter dem herrlichen Geläut der Glocken schnellen Schrittes über den frisch gefallenen Schnee zur Kirche eilten, freuten wir uns auf das Krippenspiel und über die herrlichen Lieder. Aber kaum hatte der Pfarrer nach der Predigt das Amen gesagt, liefen wir in rasendem Tempo, oft auch auf Schlittschuhen, auf der glatten Straße nach Hause; denn nun begann unser eigentliches Fest. Wir warteten ungeduldig vor der Tür, bis sich endlich der Schlüssel drehte, das helle Glöckchen läutete und wir – voran die Jüngsten der Familie – in die gute Stube drängten. Im Kamin prasselten die Holzscheite, und an der hohen Tanne strahlten die Kerzen. „Herbei, o ihr Gläubigen" sangen wir als erstes Lied, dem aber noch einige andere folgten, die wir alle auswendig gelernt hatten. Vater las die Weihnachtsgeschichte aus Lukas 2 aus der großen Familienbibel, sprach ein Gebet, und dann war der Augenblick gekommen, da wir der Reihe nach unsere Geschenke entgegennehmen durften.

Damals war es noch üblich, dass die Männer mit Nachthemden zu Bett gingen. Erst allmählich lagen in den Schaufenstern auch Schlafanzüge für Männer. Mein Bruder war glücklich, denn er erhielt wohl das erste dieser kostbaren Stücke in unserem Ort, zog ihn sofort an und stolzierte aufrechten Ganges die Straße auf und ab. Natürlich wurde er bewundert.

Als ich sechzehn Jahre alt war, durfte ich das erste Mal zu einem Weinfest gehen. Das war für mich ein tolles Erlebnis. Wir hörten die Kapelle, wie sie herrliche Marschmusik aufspielte, tanzten bis weit in die Nacht hinein und freuten uns unseres Lebens. Für mich wurde dieser Tag zu einem besonderen Erlebnis, denn ich lernte meinen Mann kennen. Nun schwebte ich auf Wolke sieben und spürte das Schmetterlingskribbeln in meinem Bauch. Bis über beide Ohren war ich in ihn verliebt. Zwei Jahre später sollten wir zum Arbeitsdienst eingezogen werden und Vater schlug uns vor zu heiraten. Damit konnten wir dem Einzug entgehen und waren nicht getrennt. Uns war dies nur recht und wir bestellten auf den Rat meiner Eltern hin das Aufgebot. Aber ein Problem stand uns dabei im Weg. Ich wollte so gern kirchlich getraut werden, aber mein Verlobter gehörte keiner Kirche an. So baten wir Pfarrer Leppin um ein Gespräch. Er nahm meinen Verlobten in die christliche Gemeinde auf. Etwas provokativ meinte dann Heinz: „Herr Pfarrer, Sie müssen jetzt aber nicht denken, Sie hätten ein Schäflein mehr für die Herde Christi gewonnen. Ich trete nur wegen meiner zukünftigen Frau in die Kirche ein."

Sicher war der Pfarrer von seinem neuen Mitglied nicht begeistert, aber er legte uns keine Steine in den Weg. Er war ein sehr feinsinniger, seelsorgerlich gesonnener Mensch und nahm seine Aufgabe in der Gemeinde ernst. Er gehörte der Bekennenden Kirche an, und in dieser Zeit, als die Nationalsozialisten das Ruder fest in der Hand hielten, musste er entsetzliche Anfechtungen erdulden. Ein Pfarrbruder von ihm, der den Deutschen Christen angehörte, hat ihn oft heftig angegriffen und ihm das Leben zur Hölle gemacht. Er aber hielt am biblischen Bekenntnis fest und war ein treuer Jünger Jesu. Ich selbst hatte auch noch nicht zum Glauben an Jesus Christus als Retter und Erlöser gefunden. So wählte ich zur Hochzeit ein Lied aus, in dem der Name Jesu überhaupt nicht vorkam, sondern jeder Vers nur Gott erwähnte. Erst viele Jahre später erlebte ich das Wunder der Hingabe an den himmlischen Vater, und doch darf ich bezeugen, dass über meinem Leben Gottes unverdiente Gnade stand.

Nach meiner Heirat wurden uns zwei Töchter geboren, Evelin und Angelika.

Ich war wohl die glücklichste Mutter der Welt, obwohl ich mir die Geburten nicht so schmerzvoll vorgestellt hätte. Aber meist ist es so, dass die Freude überwiegt und das Schwere bald vergessen wird.

Als der Zweite Weltkrieg ausbrach, wurden mein Vater und mein Bruder zum Kriegsdienst eingezogen und wir bangten um ihr Leben. Unsere Freude war nun stark gedämpft.

Dann kam 1944 das letzte Weihnachtsfest in unserer Heimat. Die russische Armee rückte bedenklich näher. Am Himmel sahen wir den Flammenschein der Flak und hörten den Kanonendonner. Das versetzte uns alle in Angst und Schrecken. Was würde die Zukunft bringen? Draußen herrschte strenger Frost und wir warteten ängstlich auf die Dinge, die uns bevorstehen würden.

Die Sowjets rückten immer weiter vor. Die deutsche Wehrmacht zog sich mehr und mehr zurück. Wir wussten gar nicht, was wir tun sollten. Noch war es uns verboten, aus der Heimat aufzubrechen, denn das hätte als Wehrzersetzung gegolten. Aber am 27. Januar 1945 gab es den Aufruf, dass unser Ort binnen zwei Stunden die Flucht westwärts antreten müsste. Vor allen Dingen Alte und Mütter mit Kindern sollten sich an einem bestimmten Ort einfinden. Ein Bekannter meines Vaters arbeitete bei der Reichsbahn und sorgte dafür, dass ich mit meinen Eltern und den beiden Kindern mit dem letzten Zug von Züllichau in Richtung Berlin aufbrechen konnte. Ganz in der Nähe waren schon die Kanonenschüsse der Russen zu hören. Rückblickend kann ich nur sagen: Das war wieder Gnade, unverdiente Gnade, sonst hätten wir uns zu Fuß auf den Weg machen müssen und wären der feindlichen Armee in die Hände gefallen.

Ich war beim Aufbruch so aufgeregt, dass ich für die Kinder und mich nur das Allernötigste einpackte. In der Eile vergaß ich, meinen Pelzmantel anzuziehen. Dabei herrschten Temperaturen von minus 25 Grad.

In Berlin fanden wir bei einer Cousine eine Unterkunft. Später stieß auch noch mein Vater zu uns, der aus Krankheitsgründen aus der russischen Gefangenschaft entlassen worden war. So lebten wir mit fünf Personen auf allerengstem Raum zusammen. Mein Vater schlief in der Badewanne und meine Mutter auf dem Fußboden. Mir war mit meinen Kleinen ein Kinderzimmer zugeteilt worden.

Als dann die russische Front immer näher an Berlin heranrückte, mussten wir wieder aufbrechen und flohen nach Döbeln in Sachsen. Dieser Ort schien uns zunächst sicher zu sein; denn uns war zu Ohren gekommen, dass Sachsen von den Amerikanern besetzt würde. Am Ende aber wurden wir doch am 17. Februar von russischen Panzern überrollt. Döbeln war ungefähr 50 Kilometer von Dresden entfernt. Selbst aus dieser Entfernung nahmen wir die Bombardierung durch die Alliierten wahr. Ein Feuersturm raste über diese Stadt. Phosphorbomben brannten sogar in der Elbe, wohin sich die Menschen vor den Bränden retten wollten. Es herrschte eine schreckliche Verwüstung und mehrere zigtausend Menschen fanden den Tod. Tagelang brannte die Stadt und die Leichen konnten nur noch in Massengräbern beigesetzt werden. Ich war zutiefst entsetzt und fragte mich, wie so etwas Teuflisches geschehen konnte. Die armen Menschen! Wir aber blieben von diesen Bombenabwürfen verschont.

Nur vier Wochen waren uns in Döbeln bei meiner Cousine vergönnt, dann wurden wir von dort verjagt. Der kommunistische Bürgermeister drohte in der Zeitung: „Die Flüchtlinge lungern herum und fressen den anderen Menschen die Lebensmittel auf. Das muss ein Ende haben!“ Es blieb uns nichts anderes übrig, als diese Stadt wieder zu verlassen. Mit einem kleinen Leiterwägelchen fuhren wir wieder in Richtung Züllichau zurück. Ungefähr 250 Kilometer lagen vor uns. Und das war ein anstrengender und mühsamer Weg zu Fuß. Inzwischen war es Juni geworden und es herrschten angenehme, warme Temperaturen. Nun mussten wir auf der Straße nicht mehr frieren. Als wir an die Oder kamen, verwehrte uns ein Pole den Weg über die Brücke. Oft mussten wir im Freien unter Bäumen schlafen. Glücklich waren wir, wenn wir eine Feldscheune fanden. Im Heu und Stroh haben vor allem die Kinder gut ausruhen können.

Einmal schlich sich mein Vater doch über die Oderbrücke, um in unseren Ort zu kommen. Er nahm sein Gebiss aus dem Mund und wollte wie ein Greis aussehen. Mit einem Stock in der Hand gelang es ihm, unsere Stadt zu erreichen. Auf diesem Weg erlebte er viel Bewahrung und erreichte auch unser Haus. Aber er wagte es nur bis in unsere Garage. Dort hatten meine Eltern, die früher ein Lebensmittelgeschäft betrieben hatten, mehrere Säcke Salz gelagert. Aber die Säcke waren jetzt aufgerissen und das Salz lag auf dem Boden im Dreck verteilt. Er kratzte etwas davon zusammen, um es uns mitzubringen. Dann schlich er sich trotzdem noch ins Haus. Als er aber vom Dachboden polnische Stimmen vernahm, verließ er schnell unsere frühere Bleibe, die uns für so viele Jahre Heimat und Geborgenheit geboten hatte.

In unserem Versteck im Wald bangten wir um unseren Vater. Würde er bewahrt werden und wieder zu uns kommen? Als wir dann später seine Stimme vernahmen, waren wir glücklich und schlossen ihn in unsere Arme. Als er uns stolz das Salz zeigte, lernte ich seinen Wert erst schätzen. Dankbarkeit erfüllte mich.

Wir erlebten auf unserer Flucht viel Bewahrung und Hilfe. Vor einem alten baufälligen Haus begegnete uns eine Greisin. Sie bot sich an, für uns eine Kürbissuppe zu kochen. Hunger gehörte nämlich zu unserem täglichen Begleiter. Nie mehr will ich diesen freundlichen Engel vergessen, der uns so viel Gutes tat. Später betete ich öfter: „Lieber Gott, segne diese hilfsbereite Polin.“ Wenn ich heute einen Teller Kürbissuppe esse, muss ich an sie denken. Sie hasste uns Deutsche nicht, obwohl wir doch den Polen durch den begonnenen Krieg so viel Leid angetan hatten, sondern wurde zu unserer Retterin in der Hungersnot. Eine andere Polin gab uns ein Milchfläschchen für meine kleine Evelin.

Oft waren wir viele Wochen unterwegs und konnten uns überhaupt nicht waschen. Dann blieb ich manchmal auf einem Bauernhof vor einer Pumpe stehen. Das herrliche Wasser war für uns eine Wohltat. Ich wusch meine Kinder und befreite sie von Schweiß und Staub. Anschließend ging ich auf ein Feld und kämmte die Läuse aus ihren Zöpfen. Ich litt mit ihnen, dass sie so verwahrlost waren. Aber wer ohne Wasser, ohne Dach über dem Kopf oft im Wald unter Bäumen schlafen muss, wird solch schwere Erfahrungen auf sich nehmen müssen. Und doch erlebten wir immer wieder Gottes Wunder.

Auf einer Wiese fand ich eines Tages eine Ziege. Da sie niemandem gehörte, nahm ich sie an mich. Wahrscheinlich war sie von ihrem Besitzer auf der Flucht zurückgelassen worden. An den Straßenrändern fand ich genügend Futter für unsere Lotte. Diesen schönen Namen hatten wir für sie ausgesucht. Nun hatte ich wunderbare, nahrhafte Milch für meine Kinder; denn sie waren durch die harten Entbehrungen stark abgemagert.

Wir wollten so gerne nach Züllichau zurück, aber das blieb uns untersagt, denn die Polen würden uns den Russen übergeben, und das wollten wir um jeden Preis verhindern. Die rissen alles, was nicht niet- und nagelfest war, an sich und würden uns noch das Letzte wegnehmen. Ich wurde gewarnt, ja den Ehering zu verstecken; denn auf Gold hatten sie es besonders abgesehen. Wenn jemand seinen Ring nicht schnell genug vom Finger abziehen konnte, würden sie einfach mit einem Beil den Finger abhacken, wurde uns gesagt. So zog ich meinen Ring ab und versteckte ihn.

Uns blieb in dieser Situation nur noch der Weg zurück nach Berlin. Oft musste ich schreckliche Angst durchstehen. Zweimal hätten mich die feindlichen Soldaten fast vergewaltigt. Ich verkroch mich manchmal mit meiner Mutter im Wald. Aber die Russen wussten: Wo kleine Kinder zu sehen sind, muss es auch eine Mutter geben. Mein Vater log sie dann an und sagte: „Mutter tot!" So wurde ich durch diese Lüge vor dem Schlimmsten bewahrt.

Gesundheitlich ging es mir sehr schlecht. Ich war an Ruhr erkrankt und wurde immer schwächer. Fast konnte ich nicht mehr laufen. Außerdem waren meine Schuhsohlen total kaputt. Wenn es regnete, hatte ich ständig nasse Füße. Ich blieb manchmal vor Erschöpfung im Straßengraben liegen. Meine Tochter klagt heute noch: „Mutter, damals dachte ich, du müsstest sterben." Öfter entdeckte ich neben mir tote Menschen, die auf der Flucht die Strapazen nicht hatten durchhalten können. Würde es mir genauso ergehen? Angelika ließ es sich nicht nehmen, auf einer Wiese Gänseblümchen zu pflücken und sie auf die Toten zu legen. Aber was würde aus meinen Kindern, wenn ich sie allein zurücklassen musste?

Gott hielt bewahrend seine Hände über

mir. Bald ging es mir auch besser, als mir in einem Lazarett kurz vor Berlin medizinisch geholfen wurde. Mein Vater zeigte in dieser Zeit starke Durchsetzungskraft. Er setzte mich einfach auf den Leiterwagen, fuhr mich zum Bürgermeister und sagte: „Ich gehe hier nicht von Ihnen fort, bis Sie mir für meine Tochter etwas zu essen gegeben haben. Sie ist sehr elend, und ich kann nicht zusehen, wie sie mir als Mutter von zwei kleinen Kindern unter den Händen wegstirbt." Der Bürgermeister zeigte Erbarmen mit mir und schenkte meinem Vater eine Tüte Mehl. Daraus kochten wir eine Nudelsuppe, die uns alle stärkte, sodass wir bald wieder weiter in Richtung Berlin marschieren konnten.

Aber es blieb eine bedrohliche Zeit, denn der Hunger plagte uns ständig. Auf den Feldern habe ich dann Kartoffeln gestohlen. Der Herr im Himmel möge mir dies verzeihen, aber ich konnte die knurrenden Mägen meiner Kinder nicht mehr ertragen. Ab und an ließen uns die Bauern auch mal in ihren Scheunen schlafen. Für die Kleinen war dies ein wahres Vergnügen. Sie kuschelten sich ins Heu. An einem Morgen kam eine Polin auf Angelika zu und entriss ihr die Puppe.

Aber da stürzte sich meine Mutter auf die Diebin und holte sich die Puppe wieder zurück. Uns hätte der Verlust der Puppe ganz hart getroffen, denn vor unserer Flucht hatte meine Mutter lauter Fünfmarkstücke in ihren Kopf eingenäht. Mit diesem Geld konnten wir uns in Berlin wieder eine Ziege kaufen. So hatten wir wenigstens Milch für unsere Kinder.

Schließlich erreichten wir dann die Hauptstadt und wohnten bei unseren Verwandten in einer Gartenlaube. Wir waren genau wieder an der Stelle, wo wir zuvor schon mal angekommen waren. Gottes Gnade stand über unserem Leben. Mir wurde dies erst später nach meiner Bekehrung bewusst. Aber ich machte mir auch Gedanken, warum wir Deutschen in der nationalsozialistischen Zeit so stark schuldig geworden waren, vor allen Dingen an den Juden. Nach und nach hörten wir Nachrichten über die Verbrechen in den KZs. Auch in Züllichau hatte es einige jüdische Familien gegeben. Herr Mendelsohn besaß ein gut gehendes Textilgeschäft. Wenn er bei uns Lebensmittel einkaufen wollte, hatte er sich immer durch den Garten in unseren Laden geschlichen.

In der Stadt hatte es sich herumgesprochen, dass mein Vater nicht Mitglied in der NSDAP war. Seine Menschenfreundlichkeit lockte die jüdischen Einwohner an. Er half gerne. Auch unser Hausarzt Dr. Spieker war oft unser Kunde. Eine Reihe von Juden waren rechtzeitig gewarnt worden. Sie hatten sich vor dem KZ ins Ausland retten können. Aber der Arzt war schon recht alt gewesen und hatte nicht aus seiner Heimat fliehen wollen. So hatte er sich mit 80 Jahren das Leben genommen, als ihm Gefahr drohte.

Auch mein Bruder Heinz erlebte im Krieg furchtbare Grausamkeiten. In seinem letzten Brief schrieb er, dass er mit ansehen musste, wie Juden von der SS erschossen wurden. Zum Teil fielen sie noch lebend in die ausgehobenen Gräben und wurden mit Erde zugeschüttet. Einmal sagte er während eines Urlaubs zu mir: „Wenn es einen Gott gibt, dann können wir diesen Krieg wegen dieser Verbrechen an Gottes Volk nicht gewinnen.“ Diese Vorhersage hat sich bewahrheitet. Mein Bruder ist dann in den letzten Kriegswochen als vermisst gemeldet worden und wir haben um ihn sehr getrauert. Irgendein Kamerad soll ihn mit geschorenem

Kopf in der Nähe von Züllichau gesehen haben. Wahrscheinlich hatte er eine Äußerung gegen das Dritte Reich gemacht, und daraufhin wurden ihm zur Strafe die Haare abgeschnitten. Was dann mit ihm passiert ist, bleibt für uns ein Rätsel.

Noch immer wartete ich auf meinen Mann. Lebte er noch, oder wurde er im Kampf gegen die Russen erschossen? Diese Ungewissheit setzte mir sehr zu. So bat ich meine Cousine in Berlin, sie solle es mir schonend beibringen, wenn ich eine Nachricht über meinen Mann erhalten würde.

Als wir schon zwei Jahre in Armut, Elend und in der Fremde verbracht hatten, passierte eines Tages Folgendes: Ich putzte gerade mein Zimmer, als meine Cousine zu mir kam und eine Bettdecke auf dem Arm hielt. „Für dich!", rief sie mir zu. „Aber ich habe doch schon eine Decke", antwortete ich verwundert. Schließlich konnte sie das Geheimnis nicht länger für sich behalten. „Heinz ist soeben aus russischer Gefangenschaft heimgekommen, und nun wirst du noch eine zweite Decke brauchen." Mit meinem vollen Putzeimer Wasser stürzte ich los. Wir lagen uns in den Armen und die Tränen liefen uns vor Freude über die Wangen. Auf einem Strohsack richteten wir ihm ein Bett, denn er sollte weich liegen. Noch lange haben wir in dieser Nacht miteinander geredet. Wir hatten uns so viel zu erzählen.

Nicht lange danach starb mein Vater. Nur gut, dass Mutter bei uns blieb. Sie war uns eine große Hilfe, ja ein wahres Geschenk. Aber noch immer dauerte die Not an. Eines Abends schluchzte Angelika: „Mutter, gib mir eine Scheibe Brot." Ich drehte mich von ihr ab, weil ich ihre Tränen nicht sehen wollte, und weinte vor Schmerz. Wie weh tat mir der Hunger meiner Tochter. Mein Mann versuchte eine Arbeit als Steuerberater zu bekommen, da er schon in der Heimat eine Stelle im Finanzamt bekleidet hatte. Das gelang ihm auch. Aus diesem Grund zogen wir nach Bernau in einen Vorort von Berlin und wohnten nun in der DDR. In die SED ist mein Mann nie eingetreten. Aus diesem Grund wurde ihm in seinem Beruf als Selbstständiger das Leben schwer gemacht.

Schon bald beschlossen wir, in den Westen zu fliehen. Ein guter Kunde von Heinz hatte sich schon vorher in den Westen abgesetzt und lebte nun in Kleinkrotzenburg bei

Hanau. Er sagte zu meinem Mann: „Wenn Sie es in der Ostzone nicht mehr aushalten können, dann kommen Sie doch in den Westen." So flüchtete mein Mann aus der DDR. Ein paar Wochen später sollten wir nachkommen. Wir durften uns aber nicht verdächtig machen. Die Sekretärin meines Mannes führte die Geschäfte in Bernau weiter. Wenn wir nach ihm gefragt wurden, erklärten wir, er sei zu einem Lehrgang gefahren. Inzwischen war schon unser viertes Kind unterwegs. Unsere Nachbarin war die Frau eines Volkspolizisten. Sie erzählte mir im Vertrauen, dass wir sehr streng von der Stasi beobachtet würden. Sollten wir fliehen wollen, dann sollten wir ihr einen Wink geben. Dann wäre ihr Mann einfach nicht zu Hause. Sonst müsste er die Flucht melden. Von einer Freundin lieh ich mir Geld und buchte mir damit heimlich einen Flug nach Frankfurt für meine Mutter, meine drei Kinder und mich. Damals war noch keine Mauer gebaut und der Übergang nach Westberlin schien ungefährlich zu sein. Hochschwanger ging ich dieses Wagnis ein. Mein Mann holte uns am Flughafen in Frankfurt ab und wir fuhren zusammen nach Kleinkrotzenburg.

In nur einem Zimmer richteten wir uns ein. Mit zwei Erwachsenen und drei bzw. bald vier Kindern war es recht eng bei uns. Hier ist dann auch unser Sohn Stephan zur Welt gekommen. Meine Hebamme war eine gläubige Frau. Sie machte mich auf die Psalmen aufmerksam. Während der Geburt wurden die Kinder auf den Flur ausquartiert. Uns ging es ums Überleben. Aber wir erfuhren auch tatkräftige Hilfe von lieben Menschen. Herr Kaiser schenkte uns sogar einen vollen Korb mit Äpfeln. Seine Liebe brachte uns in Verbindung zu Jesus; denn er lud uns sonntags zum Gottesdienst ein. Gerne folgten wir seiner Einladung. Mein Mann erinnerte sich, dass er während des Studiums auf Studenten gestoßen war, die zusammen die Bibel gelesen und miteinander gebetet hatten. Auch in der Gefangenschaft war er Soldaten begegnet, die sich in einer Ecke der Baracke getroffen und Gott um Hilfe angerufen hatten. Zu seinem Geburtstag wünschte sich mein Mann nun eine Bibel.

Unsere Angelika hatte inzwischen eine gläubige Freundin, in deren Familie zu Tisch gebetet wurde. Das wollte sie auch bei uns einführen, und wir folgten ihrem Wunsch.

Die Gottesdienste, zu denen wir eingeladen wurden, trafen unser Herz, und mein Mann fing zuerst an, Gottes Wort zu lesen. Auch ich wagte den Schritt in die Gemeinschaft mit Jesus. Als Herr Kaiser schwer erkrankte, konnte ich ihm sagen: „Sie haben mich zu Christus geführt und mich zum glücklichsten Menschen der Welt gemacht."

Nach einiger Zeit wurde uns in Frankfurt-Niederrad eine größere Wohnung angeboten, und mit neuen schönen Räumen wurde uns noch ein zweiter Sohn geschenkt. Wir nannten ihn Joachim. Es war die schönste Schwangerschaft, obwohl ich schon 37 Jahre alt war. Meine Mädchen passten gut auf ihn auf. Ich durfte keinen schweren Wäschekorb heben und mich auch nicht beim Putzen bücken. Drei Jahre war unser Joachim alt, als wir in eine noch größere Wohnung umzogen. Ich mag schon gar nicht die vielen Wohnungswechsel aufzählen, aber mit jedem Zuwachs eines Kindes verbesserten wir uns. Unsere Kinder gewannen wunderbare Spielmöglichkeiten. Wie dankbar waren wir für den Reichtum, den Gott uns mit ihnen gab. Nach und nach fanden auch sie zum Glauben an Jesus.

Joachim besuchte später in Seeheim eine Bibelschule. Dort lernte er seine Hildegund kennen, und nach der Ausbildung fühlten sie sich zum Missionsdienst in den Libanon berufen. Ich begleitete meine Kinder mit meinen Gebeten auf ihren Wegen.

Eine besondere Freude war uns die Nordostgemeinde in Frankfurt. Jesus war uns der wichtigste Freund und Erlöser, und im Glauben an ihn wurden wir gestärkt. In unserer Wohnung begannen wir Kinderstunden zu halten. Bei gutem Wetter ging ich oft mit den Kindern in die Parks. Dort sangen sie ihre fröhlichen Lieder und hörten die spannenden biblischen Geschichten. Eine besonders schöne Erfahrung war für mich, wenn wieder eins der Kinder sein junges Leben in die Hände des guten Hirten legte. Mit einigen habe ich heute noch Kontakt. Auch die Freunde unserer großen Kinder luden wir zu einer biblischen Unterweisung im Rahmen des EC (Entschieden für Christus) ein. Außerdem fand jede Woche ein Hausbibelkreis bei uns statt. Welch reiche Gnade schenkte der Herr. Wir bildeten auch einen Gitarrenchor und nutzten die Jesuslieder, um Christus zu loben und ihn anzubeten. Einmal schenkte uns eine Mitbewohnerin eine Gitarre und wir spielten ihr jede Woche Lieder vor. Kai, ein Freund unserer Kinder, besuchte bei uns auch die Jugendstunde. Auch er wurde Christ. Als seine Mutter plötzlich starb, nahmen wir ihn in unsere Familie auf. Er nannte uns Mutti und Vati, war hochbegabt und wurde später Pfarrer.

Als sich unser Sohn in Klein-Umstadt ein Haus baute, nahm er uns in seine Familie auf. Mein Mann lebte noch zweieinhalb Jahre in unserer Mitte, dann holte ihn Jesus in seine neue Welt heim, in der es kein Leid und keine Schmerzen mehr gibt. Bis zu meinem 86. Lebensjahr leitete ich einen Seniorenkreis. Durch diesen Dienst habe ich selbst viele Erfahrungen mit meinem Herrn Christus machen können und wurde dadurch beglückt. Heute bin ich 91 Jahre alt. Durch meine liebe Schwiegertochter und durch meinen Sohn sorgt der Herr wunderbar für mich. An sonnigen Tagen besuchen mich meine Kinder und Enkel oft und fahren mich mit dem Rollstuhl in die herrliche Natur hinaus. Ich danke Jesus und bitte ihn um Vergebung, wenn mich Traurigkeit niederdrücken will. Eine besondere

Freude ist es mir, wenn ich meine Kinder, Schwiegerkinder, zehn Enkel und 13 Urenkel im Gottesdienst sitzen sehe. Dann sage ich: „Vater im Himmel, siehe, hier bin ich und die Kinder, die du mir gegeben hast." Wenn ich auf meinen Spaziergängen die Vögel singen höre oder Hunde mir über den Weg laufen, dann erhält jeder Struppi oder Felix ein Leckerli von mir und ich rufe aus: „Lob, Preis und Dank und Ehre sei Dir, Vater, Sohn und Heiliger Geist." Wie reich hat Gott mein Leben gemacht. Ob ich das auch meiner gläubigen Großmutter zu verdanken habe? Oft saß sie am offenen Fenster, hatte die Bibel auf dem Schoß, las sie gerne und betete für ihre Familie.

Über all den schweren Erfahrungen und Leiden in der Zeit, da wir flüchten mussten, bin ich nicht bitter geworden; sondern bis heute bete ich für diese Menschen, die uns bedrängt und die Heimat genommen haben. Ich weiß auch, dass das Schönste noch kommt.

Ein besonderes Fest

„Überraschung! Überraschung!“, tönt es mir aus dem Telefon ins Ohr. Friedrich ist am Apparat. „Heute Abend komme ich zu Ihnen, Frau Bormuth, und dann wollen wir feiern. Können Sie eine Torte backen?“

„Nanu, was haben Sie denn im Sinn? Weihnachten ist doch erst in sechs Tagen.“

„Das verrate ich Ihnen später. Um halb acht bin ich bei Ihnen. Decken Sie einen schönen Tisch. Ich freue mich schon sehr auf diesen Besuch bei Ihnen.“

Ich bin gespannt, was Friedrich vorhat, und hole Mehl, Eier, Zucker und Gewürze herbei. Bevor die Kinder aus der Schule kommen, muss der Tortenboden gebacken sein. Pünktlich kurz nach sieben Uhr klingelt es an unserer Haustür und unser Gast erscheint. Wir setzen uns im Wohnzimmer zusammen, und schon führt uns Friedrich in sein Geheimnis ein. Ohne viel Umschweife sprudelt es aus ihm heraus. „Frau Bormuth, heute ist mir die Nachricht zugestellt worden, dass meine Straftat aus dem Register gestrichen wurde. Ich gelte nun nicht mehr als vorbestraft, und wenn ich mich um eine neue Stelle bewerbe, brauche ich auch nicht mehr anzugeben, dass ich drei Jahre und acht Monate wegen räuberischer Erpressung im Gefängnis gesessen habe. Ich bin frei, ganz frei."

Ich merke unserem Freund die Erleichterung an. Nun kann er tief durchatmen. „Meine Untat ist getilgt", wiederholt er seine Glücksbotschaft. „Ich habe lange darunter gelitten, als Verurteilter zu gelten. Nie wieder will ich in den Knast. Das war die schlimmste Zeit meines Lebens."

Ich freue mich mit ihm und wir wollen aber nicht länger über dieses notvolle Ereignis reden. „Kommen Sie und setzen Sie sich an den Tisch, Friedrich", ermutige ich ihn. Inzwischen ist auch mein Mann nach Hause gekommen und wir feiern den schönsten Tag im Leben unseres Freundes. Mein Mann dankt im Gebet für das Geschenk der wieder gewonnenen Freiheit und legt den neuen Lebensabschnitt von Friedrich in Gottes bewahrende Hände.

Ich aber denke dem allerschönsten Erleben unseres Freundes nach, als er vor zwei Jahren nach der Entlassung aus dem Gefängnis während einer Zeltevangelisation zum Glauben an Christus fand. Da erfuhr er zum ersten Mal die herrliche Liebe der Vergebung durch Jesus, und ich, die ich bei diesem wunderbaren Ereignis zugegen war und auch dazu beitragen konnte, habe im Stillen gejubelt und in meinem Herzen das Lied bewegt:

Welch Glück ist's, erlöst zu sein, Herr, durch dein Blut!
Ich tauche mich tief hinein in diese Flut.
Von Sünd und Unreinigkeit bin ich nun frei
und jauchze voll sel'ger Freud: Jesus ist treu!
O preist seiner Liebe Macht, die uns erlöst.

O Jesu, Gekreuzigter, dir jauchz ich zu!
Mein Heiland, mein Gott und Herr, in dir ist Ruh;
Mit dir überwind ich weit des Todes Macht.
O Wort voller Seligkeit: Es ist vollbracht!
O preist seiner Liebe Macht, die uns erlöst.

Solche frohe Überraschungen in den vorweihnachtlichen Tagen erfüllen mein Leben mit Freude und werden mir zu einer starken Ermutigung, mich weiter um gestrauchelte Menschen zu kümmern.

Ist Jesus nicht gerade deshalb in Bethlehem geboren worden, weil er unserem Elend ein Ende setzen will und uns durch sein Heil Erlösung schenkt? Nun ist die Verbindung zu unserem Vater im Himmel frei, königlich frei!

Ein zerknitterter Zwanziger

Um die Weihnachtszeit wird bei vielen Menschen der Geldbeutel schnell leer. Zu verlockend sind die reich geschmückten Geschäfte und dazu noch die Weihnachtsmärkte mit Glühwein und all den köstlichen Naschereien. So erging es auch Jens. Nach den Feiertagen blieb ihm keine müde Mark mehr in der Tasche und der Hunger quälte ihn. Da verfiel er auf eine List, wie er schnell zu Geld kommen könnte, und erdachte folgende Lügengeschichte. Er erschien ausgerechnet bei meiner Schwiegertochter und erzählte ihr, in welch schrecklicher Bedrängnis er sei. Sein Arzt hätte ihm ein Medikament gegen seine heftigen Magenschmerzen verschrieben, für das er nur ein Privatrezept erhalten habe. Er müsste es selbst bezahlen. Aber leider sei ihm die Haustür durch einen Windstoß zugeschlagen und die Geldtasche liege im Zimmer. Seinen Zweitschlüssel habe er bei seinem Freund hinterlegt, den er aber zurzeit bei seiner Arbeitsstelle nicht erreichen könnte. Er brauche ganz dringend zwanzig Euro, denn seine Magenschmerzen machten ihm schwer zu schaffen. Er kenne Familie Bormuth sehr gut, und sie hätten ihm sicher die 20 Euro geliehen. Aber leider seien sie nicht zu Hause.

Unsere Schwiegertochter hat ein mitfühlendes Herz und konnte sich dieser Bitte nicht versagen. Als Krankenschwester weiß sie, wie notvoll Magenkrämpfe sein können. Am Abend wollte ihr Jens das Geld wiederbringen. Aber nun waren schon zwei Tage vergangen und der gute Freund hatte sich nicht blicken lassen. Natürlich ärgerte sie sich, dass sie auf diese Lügengeschichte hereingefallen war. Sie klang ja auch so überzeugend und mitleiderregend. Außerdem hatte der Betrüger auch seinen Freund Ronny erwähnt, der angeblich bei uns wohne.

Mich empörte diese Betrugsmasche sehr und ich sann auf eine Möglichkeit, wie unsere Schwiegertochter ihr Geld wieder bekommen könnte. So bat ich Ronny zu mir und erzählte ihm von diesem erlogenen Palaver vor der Haustür unseres Sohnes. Wenn bis zum nächsten Tag das Geld nicht erstattet würde, dann wollte unsere Schwiegertochter bei der Polizei eine Anzeige gegen

Unbekannt erstatten. Die Polizei kennt ihre Pappenheimer und würde sicher den Betrug aufdecken. Denn diese Masche hatte Jens sicher nicht das erste Mal durchgezogen. Ich aber verlegte mich aufs Beten. Schließlich sind zwanzig Euro für eine kinderreiche Familie viel Geld.

Zwei Tage später klingelte es an unserer Haustür. Mein Besucher erklärte mir: „Ich war soeben am Haus Ihres Sohnes, habe aber niemanden angetroffen. Aus diesem Grund komme ich zu Ihnen. Ich möchte Ihnen das Geld bringen, das mein kleiner Cousin sich mit einem Trick erschlichen hat. Die Ohren habe ich ihm langgezogen und ihn eindringlich ermahnt, er möchte nie mehr solche Betrugsgeschichten vom Zaun brechen.“ Bei diesen Worten holte der junge Mann einen total zerknitterten Geldschein aus seiner Jeanstasche, bat vielmals um Entschuldigung und wollte schnell unser Haus verlassen. „Sagen Sie Ihrem kleinen Cousin“, so meldete ich mich noch kurz zu Wort, „oder wer immer das sein möge, er solle nie mehr Menschen mit solch listigen Machenschaften betrügen. Wenn er wirklich mal in eine Notlage kommt und der Hunger ihn quält, kann er sich gerne zu uns an den Tisch setzen, oder ich gebe ihm ein paar Wurst- oder Käsebrote. Geld allerdings würde ich ihm nicht geben. Aus Erfahrung weiß ich, dass ich meine Moneten nie mehr wiederbekommen würde, und das zerstört das Vertrauen." So verließ mich Jens. Mir aber bleibt das Misstrauen, dass er die Geschichte vom kleinen Cousin nur vorgeschoben hat und er selbst der Täter war.

Meine Schwiegertochter aber freute sich, als ich ihr am Abend den Geldschein zustecken konnte. Ein weiteres Gespräch mit Jens war nicht möglich. Es blieb mir nur übrig, für ihn zu beten, dass Gott ihn doch noch auf eine gute Spur bringen möchte.

Mich hat dieses Erlebnis sehr nachdenklich gemacht. Wie viele Menschen kaufen massenhaft Geschenke zu Weihnachten und am Ende bleibt ihnen nichts mehr im Portemonnaie. Wie leicht fallen sie dann in Versuchungen und Betrugsmaschen.

Das Leben der Jenny Lundquist

In dieser düsteren, heruntergekommenen Gegend von Stockholm wollte keiner gerne wohnen. Dort gab es nur langgezogene Mietkasernen, in denen sozial schwache Menschen eine Bleibe finden konnten. An den Gängen der mehrstöckigen Häuser entlang reihten sich billigste Kleinstwohnungen. Hier war es laut auf den Fluren, oft auch dreckig, und die kinderreichen Familien mussten sich mit nur wenigen Quadratmetern begnügen. Einen Spielplatz oder ein Fußballfeld, wo sich die Buben und Mädchen hätten austoben können, gab es nicht. Da die hohen Kasernen dicht nebeneinander standen, musste sich schon ein Sonnenstrahl das Genick brechen, um ein wenig Wärme und Licht in die öden, kalten Zimmer zu bringen. Hier wohnte auch der Gaswerkarbeiter Lundquist mit seiner Frau und seinem Töchterchen. Die Großmutter hatte dem Kind den Namen Jenny gegeben, und so wurde sie auch von Vater und Mutter genannt. Lundquist war ein großer, stattlicher, aber grobschlächtiger Mann mit einem robusten Aussehen, ungepflegt und immer nach Zigarettenrauch und Alkohol stinkend. Nach Arbeitsschluss fand er selten den Weg direkt nach Hause, sondern ging eilenden Schrittes mit seinen Kumpanen in die nächste Kneipe. Hier verprasste er seinen dürftigen Lohn, während zu Hause seine Frau zusehen musste, wie sie für ihr Töchterchen das Brot herbeischaffen konnte.

Fleißig war Frau Lundquist und ordentlich dazu. Tagsüber ging sie in die Häuser reicher Leute und wusch ihnen die Wäsche oder schrubbte und bohnerte ihre Fußböden. Abends aber quälte sie sich noch zu Hause, um ihren Haushalt ein wenig adrett, sauber und wohlig zu gestalten. Auf keinen Fall wollte sie ihr kleines Schifflein sinken lassen, wie sie ihr Heim nannte.

Woher holte sich diese leidgeprüfte Ehefrau und Mutter die Kraft, um unermüdlich für ihren Mann und ihr Kind zu schuften? So fragten sich ihre Mitbewohner. Es brachte ihnen Achtung ein, wenn sie die oft ausgemergelte, gebeugt dahergehende Frau sahen. Ihren Mut zum Leben holte sich Frau Lundquist aus dem Wort der Bibel. In jedem freien Augenblick, der ihr zwischendurch blieb, schlug sie das kleine, schwarze schon ganz zerlesene Büchlein auf und Zusagen Jesu gaben ihr Hoffnung und Trost.

Auch an Jenny hatte sie ihre wahre Freude. Sie war so fröhlich trotz des armseligen Zustands in der Familie, und immer tönte ein frohes Lied von ihren Lippen, das ihr die Mutter beigebracht hatte. So wurde das Evangelium die Quelle ihres Durchhaltevermögens, und der Gesang der Choräle begleitete sie durch ihren mühseligen Arbeitstag.

Schon mit zwei Jahren begann Jenny in die Lieder ihrer Mutter mit einzustimmen, wenn sie auch noch nicht die Worte richtig aussprechen konnte. Im Haus war es bekannt, dass Frau Lundquist zu den Frommen gehörte, die sich zu den Missionsfreunden zählten. Aber irgendwie klaffte das Verhältnis zu ihrem Mann weit auseinander. Hier die gläubige Christin und dort der alkoholkranke Trinker. Einige ihrer Nachbarn litten mit ihr, andere aber bedauerten den armen Mann, und wieder andere spotteten über sie und rissen ihre Lästermäuler weit auf. Ja, es stimmte, Frau Lundquist gehörte zu den „Stillen im Lande“, wie die Christen genannt wurden, die sich regelmäßig im Missionshaus zum Beten und Hören auf die Bibel trafen. Als junges Mädchen war sie von Jesus aus einem Leben in der Gottesferne in seine Nachfolge gerufen worden, hatte die Vergebung ihrer Schuld erlebt und war von der Gewissheit getragen: Ich gehöre für immer und ewig zu Jesus. In ihrem Glaubensleben musste sie noch einige Rückschläge hinnehmen, aber ihr Glück war es auch, dass sie nach jedem Fall wieder aufstand und so den Sieg Jesu erlebte. Eines hat sie nie vergessen: Christus ist mein Retter, mein Heiland und mein Erlöser. Nur in dieser Haltung konnte sie die Kümmernisse, das Elend mit dem trunksüchtigen Mann und die hässlichen Redereien und das Tuscheln ihrer Mitbewohner ertragen. Während ihrer Stopf-, Strick- und Flickarbeit sang sie oft ein Lied nach dem andern und vergaß so ihr Elend. Auch ihr Töchterchen hatte viele Lieder von ihr gelernt. Aber es machte sie auch traurig, als Jenny die wüsten Schlager und Gassenhauer ihres Vaters hörte, sie schnell lernte und auch sang. Manche Tage nahm der Vater seine kleine Tochter mit in die verrauchten Wirtsstuben, stellte Jenny auf einen Tisch und ließ sie die Schlager schmettern. Die Saufbrüder fanden Gefallen an ihrem schönen Stimmchen und klatschten laut Beifall. Zu Hause aber litt die Mutter, wenn sie die Kleine in den Händen ihres schwierigen Mannes wusste. Was sollte bloß aus dem Kind werden, wenn es so früh durch die obszönen und lasterhaften Schlager verdorben würde?

So verbrachte Jenny ihre schönsten Kinderjahre in einem verrufenen Milieu. Der Beifall, den sie erhielt, freute sie, und manchmal wurde ihr für ihr Singen auch Geld zugesteckt. Die Mutter litt unter den notvollen, versuchlichen Verhältnissen, weinte viele Tränen und fürchtete um ihre Tochter, die in ein lasterhaftes Leben abgleiten könnte. Immer öfter trieb sich das Mädchen in üblen Spelunken herum und kam nur noch selten nach Hause. An einem Abend versuchte die Mutter, ihr ernsthaft ins Gewissen zu reden: „Kind, Gott hat dir eine wunderschöne Stimme geschenkt, aber sie soll dich nicht ins Elend treiben." Jenny hörte diese Ermahnung, schlug sie aber in den Wind. Frau Lundquist blieb nur noch das Gebet für ihre Tochter: „Gott, zieh Jenny, mein einziges Kind, durch dein großes Erbarmen in deine Nähe und errette sie aus diesem sündigen Leben."

Jenny Lundquist ließ sich zur Schauspielerin und Sängerin ausbilden. Kaum ein Bewohner der Mietskaserne konnte verstehen, wie eine junge Frau aus einem Elendsquartier so aufsteigen und gefeiert werden konnte. Natürlich fiel ihr der Erfolg nicht in den Schoß. Jahrelang musste sie hart an ihrer Karriere arbeiten. Ein Sponsor hatte sie entdeckt und sie in diesem Beruf tüchtig unterstützt. Sie war stimmgewaltig, und ihre Lieder erfreuten die überfüllten Säle von Besuchern. Ihre geniale Persönlichkeit gab ihrer Musik das Gepräge. Mit ihrem Ansehen kam auch der Wohlstand in ihr Leben. Das elende Dasein in Armut und Not wollte sie schnell vergessen. Auch ihre Mutter verlor sie aus dem Blickfeld, die sich ja für sie abgemüht und sich den Buckel krumm gearbeitet hatte. Ein Leben in Glamour und Lust umgab sie nun. Nur manchmal, wenn es still um sie herum wurde, bedrückten sie schwere, düstere Gedanken. Mitunter konnte sie sich ihrer Tränen nicht erwehren. Das Bild ihrer Mutter erwachte dann in ihr und sie erkannte, wie viel Kraft diese durch den Glauben an Christus gewonnen hatte.

Eines Tages stand ein betrunkener Mann vor einer Litfaßsäule und schaute sich ein Plakat an. Plötzlich entdeckte der Mann Jenny auf dem Bild. War das nicht seine Tochter? Am gleichen Abend besuchte Frau Lundquist, wie sie es gewohnt war, die Gebetsstunde. In einen weiten Schal gehüllt, ganz gebückt von der Last des Lebens, saß sie unter den Betern. Die Sorge um ihre Tochter bedrückte sie stark. So bat sie die Gemeinde, in Sonderheit ihre Tochter auf ihr betendes Herz zu nehmen. Selbst rief sie zu Gott: „Herr, rette meine Jenny!" An diesem Abend feierte Jenny ihren größten Triumph auf der Bühne. Die Mutter fühlte sich durch das innige Gebet in Jesus gestärkt und wusste: Bei Gott ist kein Ding unmöglich. Seine Verheißungen halfen ihr über die Kümmernisse mit ihrer Tochter hinweg. So gewann sie Zuversicht und neue Hoffnung und konnte ihre schwere Arbeit treu verrichten, während sie treppauf und treppab die Fußböden scheuerte und die schmutzige Wäsche von anderen wusch.

Und dann folgte vielleicht das schönste Kapitel in Jennys Leben. Es war in der Vorweihnachtszeit. Die trüben Tage im November waren vorüber. Jenny feierte einen strahlenden Auftritt im Schauspielhaus. Aber innerlich war sie aufgewühlt. Das Reden Gottes hatte sie eingeholt. So lief sie schnellen Schrittes noch geschminkt und aufreizend angezogen nach Hause. Vor dem Sofa warf sie sich auf die Knie, bat Gott um ihre Errettung und erlebte ihre Damaskusstunde. Wie Jeremia erfuhr sie: „Du, Gott, hast mich überredet, und ich habe mich überreden lassen.“ Trotz allem Glanz und Glamour spürte sie nur Öde in ihrem Dasein. Die Lust hatte ihre Sinne fasziniert und auf Abwege geführt. Sie empfand eine schreckliche innere Leere. Die rauschenden Feste hielten nicht, was sie versprochen hatten. Tränen liefen ihr über die Wangen und ihre Schuld beschwerte sie. Vor allen Dingen musste sie an ihre Mutter denken, die sich für sie aufgeopfert und sich die Hände wund gescheuert hatte, damit sie ihre Talente der Musik und des Schauspiels ausbilden lassen konnte. Sie aber hatte sich, da sie nun so viel Ruhm erlangt hatte, ihrer Mutter in ihrer Armut und Niedrigkeit geschämt. „O Mutter, Mutter!", schrie sie immer wieder auf. „Wie konnte ich dich nur so vergessen. Kannst du mir meinen Hochmut verzeihen?" So beugte sie sich auch vor Gott und bat ihn um Rettung und Erlösung von ihrem sträflichen Wandel. Nur ganz allmählich konnte ihre gequälte Seele zur Ruhe und zum Frieden finden. Und der Herr erbarmte sich ihrer. Sein Wort wurde wahr: „Wer zu mir kommt, den werde ich nicht hinausstoßen."

Im Theater aber herrschte arge Bestürzung. Jenny erteilte einer Anfrage nach der anderen eine Absage, ihre Kollegen waren in heller Aufregung, und Jenny wurde zum Stadtgespräch. Wie konnte diese talentierte Schauspielerin auf der Höhe ihrer Laufbahn nur dem Theater den Rücken kehren? Journalisten waren plötzlich zur Stelle und wollten den Grund ihres Handelns erfahren. Ein Gerücht machte die Runde, Jenny sei urplötzlich fromm geworden. Wie passten ihre gewagten, weltlichen Lieder mit dieser Nachricht zusammen? Kein Mensch in der Stadt konnte sich dies vorstellen. Weihnachtsvorstellungen mussten abgesagt werden, weil die Hauptdarstellerin nicht mehr zu den Proben erschien. Das war ein Fiasko übelster Art. Die Direktion des Schauspielhauses verübelte ihr dieses Verhalten aufs Schärfste, denn es führte neben der Enttäuschung der Zuhörer auch zu mächtigen finanziellen Verlusten.

Jenny Lundquist kehrte nach der durchkämpften Nacht, in der sie Frieden mit Gott gefunden hatte, in ihre frühere Welt der Kindheit zurück. Die liebenden Arme der Mutter umfingen sie. Viele Jahre hatte sie ihr trautes Heim nicht mehr gesehen. Nun aber fand sie heim. Noch immer beschwerte Reue ihr Herz. Es war wohl die glücklichste Stunde in ihrem Dasein, als ihr die Mutter die Hand zur Versöhnung reichte. Das Alte war vergangen, Neues war geworden.

Der Theaterdirektor bat Jenny noch einmal um eine Unterredung und hoffte, sie wieder als Schauspielerin auf die Bretter der Bühne zurückzuholen. Auch wenn er ihr hohe Gagen und großartige Rollen versprach, gelang es ihm nicht, sie umzustimmen. Sie blieb Gott treu. Größeres als Geld,

Ehre und Ruhm hatte sie durch den Frieden mit ihrem Erlöser gewonnen. In einem kurzen Vers brachte sie dies zum Ausdruck:

„Ich bin dein, an Jesu Brust ich ruhe,
seiner Leiden, seiner Schmerzen Lohn;
vor dem Gaukelspiel der Welt ich fliehe,
Leben fand ich ja in Gottes Sohn."

Der Direktor nötigte sie und sagte zu ihr: „Jenny, kehren Sie doch noch einmal zum Schauspielhaus zurück." Er hoffte noch immer, sie könnte vom rauschenden Applaus gefangen genommen werden und zu ihrer alten Aufgabe zurückfinden. Jenny überlegte, und in ihrem Innern tobte ein Kampf. Hatte sie nicht denen gegenüber, die ihr zu solch hohem Ruhm verholfen hatten, eine Pflicht wahrzunehmen? Sie erbat sich einige Tage Bedenkzeit und fragte ihre Freunde in der Missionsstunde um Rat. Diese einfachen, aber geistlich gesonnenen Christen beteten zuerst und gaben dann ihre Zustimmung. Zum letzten Mal wollte sie auf der Bühne singen, aber die Programmgestaltung sollte ihr nicht aufdiktiert werden. Sie wollte sie selbst zusammenstellen.

Alle Besucher waren gespannt, was sie am zweiten Weihnachtstag singen würde. Bis auf den letzten Platz waren die Stühle besetzt. Im Theater herrschte große Anspannung und der Dirktor war recht aufgeregt. Er wusste nicht, was auf ihn zukommen würde. Wie würde dieser musikalische Auftritt ausgehen? Würde dieser Star noch einmal an seinen Platz zurückkehren? Er kannte seine Jenny, die in sich eine flatterhafte Künstlerseele trug. Höhen und Tiefen lagen bei ihr sehr nahe beieinander. In der Missionskapelle knieten die Gläubigen und beteten für Jenny. Als der Vorhang aufging, herrschte eine große Stille im Saal. Jenny stand im strahlenden Scheinwerferlicht auf der Bühne. Sie trug ein schlichtes, sehr schönes schwarzes Kleid, das mit einem Silberkreuz geschmückt war. Als junges Mädchen hatte sie es einmal von ihrer Mutter erhalten. Ihre Augen leuchteten wie aus einer anderen, schönen Welt, die vom Glanz Gottes überstrahlt war. Was würde nun geschehen? Atemlos saßen die Zuschauer auf ihren Plätzen. Die Menschen in der ersten Reihe konnten sehen, dass sich vor Beginn ihres Singens die Lippen wie zu einem Gebet formten, um sich Kraft zu erbitten. Leise fing sie an zu singen. Dann aber schwoll ihr Lied an. Alle ihre Begabung und Stimmgewalt legte Jenny in ihre Darbietung, die einfach und doch so Herzen berührend klang:

Wüsst' die Natur es: der Schöpfer der Welten
liegt jetzt in Windeln im Krippelein klein,
alle geschaffenen Mächte, sie stellten
flugs sich zum Horchen und Jubeln mit ein.
Berge und Täler und Wiesen und Wälder,
Bäume und Blumen in herrlicher Pracht,
blinkende Seen und wogende Felder
jauchzten für das, was dies Kind uns gebracht.

Wüsst' meine Laute, dass Gott ward geboren,
dass er für uns in dem Krippelein liegt,
wüsste sie, fühlte sie, was er verloren,
als er zur Erde, zu Not und Tod stieg,
würden die Töne von selber ihr kommen,
ohne den Finger sie spielte ohn' Ruh,
bis sie die herrlichsten Höhen erklommen;
göttliche Liebe! Wer ist doch wie du!

Das Publikum sah sich bei diesem Lied an. War dies Traum oder Wirklichkeit? War das noch ihre Jenny Lundquist, wie sie sie aus früheren Theaterauftritten kannten? Jenny begann noch die dritte Strophe, dann aber versagte ihr die Stimme. Das Publikum war entsetzt, und die letzten Töne verklangen in einem Hohngelächter. Mit gefalteten Händen blieb Jenny auf der Bühne stehen, bis der Vorhang fiel. Einige Schauspieler, aber auch so mancher Zuhörer hatten an diesem Weihnachtstag Gott erlebt. Diese Botschaft von Jesus, dem Kind in der Krippe, hatte Jenny mit gewaltiger Kraft in die versammelte Menge hinein gesungen.

Reinigt die Dunkelkammern!

Einer unserer Söhne ist Pfarrer einer großen Gemeinde und predigte in der Adventszeit über das Wort: „Bereitet dem Herrn den Weg und macht eine ebene Bahn seiner Steige." Ihm war es wichtig, dass das Anliegen von Johannes dem Täufer von uns Christen wahrgenommen wird. Es gilt, uns selbst zu prüfen und das in Ordnung zu bringen, was in unserem Dasein falsch gelaufen ist. Dabei will Jesus auch in unsere Dunkelkammern und unaufgeräumten Zimmer kommen und wieder alles zurechtbringen. Unsere Herzen sollen strahlen vor Freude, weil das Kind in der Krippe uns Frieden und Heil bringt.

Während dieses Gottesdienstes saß unser sechsjähriger Enkel in der ersten Bank und hörte aufmerksam der Predigt seines Vaters zu. Sicher hat er nur wenig davon verstanden, aber über eine Aussage muss er doch ernsthaft nachgedacht haben. Die Sache mit den Dunkelkammern bewegte ihn sehr und hat ihm auch gefallen. Am nächsten Morgen sprach er seine Mutter daraufhin an: „Weißt du, Mama, ich möchte gerne, dass Jesus auch in meine Dunkelkammer kommt. Also werde ich mein Zimmer, in dem die Legosteine und Bauklötze überall verstreut herumliegen, nicht aufräumen. Ich lasse alles, wie es jetzt aussieht, auch wenn bei mir das wahre Chaos herrscht. Aber ich will doch auch gerne Jesus in meiner Mitte haben und ihn empfangen."

Der kleine Schelm mit seinen sechs Jahren wollte sich ums Aufräumen drücken. Natürlich hat er dies nur scherzhaft gemeint, denn er kannte seine Mama nur zu gut. Nie und nimmer würde sie ihm erlauben, in solch einem Durcheinander weiter zu leben, zumal sie ihm ja gerne für die Adventszeit das Zimmer schmücken wollte. „Also Emanuel", befahl sie ihm, „sammle bis heute Mittag alle Spielsachen auf und stell die Kästchen ins Regal, sonst werde ich dir keinen Adventskalender in dein Fenster hängen. Deine Ansicht, so wie du es mir jetzt von den Dunkelkammern erzählt hast, hat dein Vater nie und nimmer vertreten. Du weißt also, was du jetzt zu tun hast. Mach dich flott an die

Arbeit!“ Emanuel musste lachen. „Mutti, ich habe Papa schon richtig verstanden. Ich wollte mit dir nur einen Scherz machen. Ich weiß, dass der Herr Jesus auch so in mein Herz kommen will, auch wenn nicht alles picobello ist.“ Eigentlich war ihm ja schon bewusst, dass für Weihnachten alles schön ordentlich in seinen Spielsachen eingeräumt sein musste und dass seine Mutter in dieser Beziehung kein Pardon kannte. Und doch wollte der kleine Schlauberger sie ein wenig aufs Glatteis führen.

Wann beginnt Weihnachten?

Es ist Mitte Juni, und in der heißesten Sommerzeit erreicht mich ein Päckchen. Natürlich bin ich gespannt, wer so liebevoll an mich denkt. Neugierig entferne ich das Packpapier und öffne den Karton. Selbstgestrickte Kinderstrümpfe und außerdem zwei Packen Socken für Männer halte ich in den Händen. In einem Brief lese ich:

„Liebe Frau Bormuth,
es ist zwar noch nicht Weihnachten, aber sooo lange dauert es doch nicht mehr. Ich wollte Ihnen schon mal Strümpfe für die Feier an Heiligabend senden. Die Bedürftigen werden sich sicher darüber freuen. Ich habe wenig Platz, Sie vielleicht mehr.
Mit freundlichen Grüßen
Ihre Renate Peters.“

Unter diesen Zeilen klebte noch ein 10-Euro-Schein mit dem Vermerk: Für Gebäck oder Schokolade.

Wie sehr ermutigt mich ein solches Handeln für Menschen, die auf der Schattenseite des Lebens stehen. Wieder wollen wir dieses Jahr zum 48. Mal Bedürftigen und Einsamen Freude in ihr Herz bringen; denn wir haben Grund, uns zu freuen. Christus, der Heiland der Welt, ist geboren, und er lädt uns zu seinem Geburtstag ein. Welch königliches Fest steht uns bevor. Jeder darf Anteil an dieser Freude haben, ob er alt oder jung, reich oder bedürftig, fröhlich oder bekümmert ist. Auch ich bin schon eifrig dabei, ein gutes Programm zu planen, und überlege, wer uns dabei helfen kann. Noch darf ich Anteil an diesem Fest haben und denke mit Schmunzeln an einen Satz, den mir ein Gast im vergangenen Jahr beim Verabschieden zuflüsterte und mich dabei kräftig umarmte: „Frau Bormuth, Sie müssen noch lange leben und dürfen nicht sterben. Wir wollen doch alle im nächsten Jahr wieder mit Ihnen Weihnachten feiern."

Es ist einfach schön, mit glücklichem Lächeln in einer großen Runde zu singen: „O du fröhliche, o du selige, gnadenbringende Weihnachtszeit." Wir hatten beim letzten Mal über 160 Gäste. So danke ich Frau Peters, dass sie mich mit einer so kräftigen Ermutigung bedenkt.

Zwei Paar Strümpfe will ich aber jetzt schon herausnehmen. Seit einigen Monaten übernachten zwei Obdachlose in unserer Wohnung, die bei großer Kälte im Januar auf einer Parkbank im Botanischen Garten geschlafen haben. Sie werden sich über die neuen Strümpfe freuen.

Wie reich ist doch mein Leben. Liebende Menschen füllen mir die Hände, und ich darf vor vielen Gästen dem Kind in der Krippe zujubeln und ihm danken, dass er keinen von uns vergisst. Der helle Schein der Liebe Gottes darf in unserem Leben aufleuchten; denn es wird nicht dunkel bleiben über denen, die in Ängsten, Armut und Not leben. So bewegt mich Weihnachten fast das ganze Jahr über, und die wunderschönen Socken tragen noch dazu bei.

Von einer Freundin aus der Schweiz erreichte mich dieser liebe Gruß mit inhaltsschönen Worten:

Weihnachten ist's - wir feiern wieder,
hören die vertrauten Lieder.
Wir kehren ein und halten still,
damit das Heil uns neu erfüllt.

Lauschen wollen wir und beten,
leise hin zur Krippe treten
und im Schweigen uns verneigen
vor dir, Jesus, unsere Freude.